Небеса
II

И дванаесетте порти беа дванаесет бисери;
секоја порта беше од еден бисер;
улиците на градот беа од чисто злато како провидно стакло.
(Откровение 21:21)

Небеса
II

Исполнет со славата Божја

Д-р Черок Ли

Небеса II од д-р Церок Ли
Објавена од страна на Урим Книги (Претставник: Seongnam Vin)
73, Шиндаебанг Донг 22, Донгјак Гу, Сеул, Кореа
www.urimbooks.com

Сите права се задржани. Оваа книга или некои нејзини делови, не смеат да бидат репродуцирани во било која форма, да се чуваат во обновувачки систем, или да бидат пренесувани во било каква форма или преку било какви средства, електронски, механички, преку фотокопирање, снимање или на некој друг начин, без претходна писмена дозвола од страна на издавачот.

Авторско право © 2017 од д-р Церок Ли.
ISBN: 979-11-263-0263-5 04230
ISBN: 979-11-263-0068-6 (set)
Преведувачко Авторско Право © 2013 од страна на Др. Естер К. Чанг. Употребено со дозвола.

Претходно објавено на Кореански од страна на Урим Книги во 2002

Прво Издание март 2017

Уредено од страна на Др. Геумсун Вин
Дизајнирано од страна на Уредувачкото Биро на Урим Книги
Отпечатено од страна на Prione Печатење
За повеќе информации ве молиме контактриајте ги: urimbook@hotmail.com

 Предговор

Се молам вие да станете вистинските Божји чеда и да ја споделувате вистинската љубов во вечната среќа и радост во Новиот Ерусалим кој што изобилува со љубовта Божја...

Му ја оддавам сета благодарност и слава на Богот Отецот кој што јасно ми го откри животот на небесата и не благослови со можноста да ја објавиме книгата *Небеса I: Јасен И Прекрасен Како Кристал,* и сега *Небеса II: Исполнет со славата Божја.*

Јас многу копнеев да ги осознаам небесата во детали и затоа продолжив да се молам и да постам во врска со тоа. По седум години, Бог конечно ми одговори на моите молитви, така што денеска, Тој ми ги открива најдлабоките тајни за духовното царство.

Во првата книга од дводелниот серијал на книги насловени како *Небеса*, јас накратко ви ги претставив различните места за живеење на Небесата, издвојувајќи ги како Рајот, Првото

Кралство, Второто Кралство, Третото Кралство и Новиот Ерусалим. Втората книга ќе го истражи во повеќе детали најубавото и најславното место за живеење од сите места на небесата, Новиот Ерусалим.

Богот на љубовта му го покажал Новиот Ерусалим на апостолот Јован и му дозволил тоа да го запише во Библијата. Денеска кога Доаѓањето на Господа е толку многу блиску, како никогаш порано, Бог го истура Светиот Дух врз безброј голем број на луѓе и им ги открива Небесата во најситните детали. Тоа сето се случува на овој начин за да можат дури и неверниците насекаде низ светот да поверуват во животот по смртта, што се состои од небесата и од пеколот, и за да можат оние кои што ја исповедаат верата во Христа, да водат победнички животи во Него и да истраат во ширењето на евангелието насекаде низ светот.

Затоа, апостолот Павле кој што бил задолжен да го шири евангелието помеѓу Незнабошците, го прекорил неговиот духовен син Тимотеј, велејќи му, *„Но ти во сé биди трезвен, истрпи ги тешкотиите, направи ја работата на евангелист, исполни ја твојата служба!"* (2 Тимотеј 4:5)

Бог јасно ми ги прикажа небесата и пеколот за да можам

Предговор

да ги пренесам времињата кои што ќе се случат, на сите четири страни на светот. Бог би сакал сите луѓе да го примат спасението; Тој не би сакал да види ниту една душа како паѓа во пеколот. Бог би сакал колку што е можно повеќе луѓе да влезат и вечно да живеат во Новиот Ерусалим.

Затоа никој не би требало да ги суди или осудува овие од Бога дадени пораки, кои што биле откриени преку инспирацијата на Светиот Дух.

Во *Небеса II* ќе можете да ги најдете многуте од тајните што се однесуваат на небесата, како што е на пример, образот на Бога кој што постои од пред сите векови, престолот на Бога и други тајни слични на нив. Јас навистина верувам дека ваквите детали и известувања, ќе ги исполнат сите луѓе кои што искрено ги посакуваат небесата, со неизмерно количество на среќа и радост.

Градот Новиот Ерусалим, кој што бил изграден преку немерливата љубов и зачудувачката сила на Бога, е исполнет со Неговата слава. Новиот Ерусалим го претставува духовниот врв каде што Бог се претворил себеси во Светото Тројство со цел да ја изврши човечката култивација и е престолнината на Бога. Можете ли да замислите колку величествено, прекрасно и светло, целото тоа место би можело да биде? Тоа е едно толку извонредно и свето место што човечката мудрост не би можела да го осознае!

Затоа мора да сватите дека Новиот Ерусалим не е награда која што ќе им припадне на сите кои што ќе го примат спасението. Со други зборови, Новиот Ерусалим им се дава само на чедата Божји чии што срца, откако биле култивирани на овој свет во текот на долг времески период, станале така чисти и јасни како кристалот.

Особено му се заблагодарувам на Геумсун Вин, директорот на Уредничкото Биро, на персоналот од истото биро и на Преведувачкото Биро, за ова издание.

Го благословувам во името на Господа секого кој што ќе ја прочита оваа книга, да стане вистинско чедо Божјо и да ја споделува искрената љубов во вечната среќа и радост во Новиот Ерусалим, што е исполнет со славата Божја!

Џерок Ли

Вовед

Со надеж дека ќе станувате поблагословени со читањето, осознавајќи ги луцидните детали за Новиот Ерусалим и дека ќе живеете во вечноста, колку што е можно поблиску до престолот на Бога, на небесата...

Му ја оддавам сета благодарност и слава на Бога, кој што не благослови со можноста да ја објавиме *Небеса I: Јасен И Прекрасен Како Кристалот* и сега неговото продолжение, *Небесата II: Исполнет со славата Божја*.

Оваа книга која што е составена од девет глави, од кои што секоја ни го дава јасниот опис на најсветото и најубавото место за живеење на небесата, Новиот Ерусалим, во смисла на неговата големина, раскошот и животот во него.

Главата 1, „Новиот Ерусалим: Исполнет Со Божјата Слава," ни дава краток осврт за Новиот Ерусалим и ни објаснува за некои тајни како што се престолот на Бога и врвот на духовното кралство, каде што Бог се преобразил себеси во Светото Тројство.

Главата 2, „Имињата На Дванаесетте Племиња И Дванаесетте Апостоли," ни го објаснува надворешниот изглед на градот Новиот Ерусалим. Тој е опкружен со високите и масивни ѕидини, а имињата на дванаесетте племиња на Израил се врежани на дванаесетте порти на градот, од сите четири страни. На дванаесетте темели на Градот се наоѓаат имињата на Дванаесетте Апостоли, а причините и важноста на секој запис ќе ни бидат појаснети.

Во Главата 3, „Големината На Новиот Ерусалим," вие ќе можете да ја согледате појавата и димензиите на Новиот Ерусалим. Оваа глава ќе ви објасни зошто Бог ја мери големината на Новиот Ерусалим преку златната трска и за тоа зошто, за некој да влезе и да живее во овој Град, ќе мора да ги поседува сите релевантни духовни квалификации, измерени преку златната трска.

Главата 4, „Направен Од Чисто Злато И Разнобојни Скапоцености," во детали го проучува секој од материјалите од кој што е изграден градот Новиот Ерусалим. Целиот град е украсен со чисто злато и скапоцени камења, а оваа глава ја опишува убавината на нивните бои, сјајот и блесокот на истите. Понатаму, со објаснувањето на причината зошто

Вовед

Бог ги украсил ѕидовите на градот со јаспис, а целиот Нов Ерусалим со чисто злато што е провидно како стакло, оваа глава исто така ја нагласува важноста на духовната вера.

Во Главата 5, „Значењето На Дванаесетте Темели," вие ќе можете да научите за ѕидовите на Новиот Ерусалим, кои што се изградени врз дванаесет темели и за убавината и духовното значење на јасписот, сафирот, халкидонот, смарагдот, сардониксот; сардот, хрисолитот, вирилот, топазот, хрисопрасот, хијацинтот и аметистот. Кога ќе го додадете духовното значење на секој од дванаесетте скапоцености, ќе можете да го согледате срцето на Исуса Христа и срцето на Бога: Оваа глава исто така ве охрабрува да ги достигнете срцата кои што се симболизирани преку дванаесетте скапоцености за да можете да влезете и вечно да живеете во Градот Новиот Ерусалим.

Главата 6, „Дванаесетте Бисерни Порти И Златниот Пат," ги објаснува причините и духовното значење на тоа зошто Бог ги направил дванаесетте бисерни порти, како и духовното значење на златниот пат кој што е проѕирен како стаклото. Исто како што школката го создава скапоцениот бисер откако ќе ја издржи големата болка, исто така оваа глава ве охрабрува да тргнете кон Дванаесетте Бисерни Порти на Новиот Ерусалим, преку надминувањето на сите видови на потешкотии и искушенија во верата, со надежта за него.

Главата 7, „Восхитувачки Спектакл," ќе ве поведе во внатрешноста на градските ѕидини на Новиот Ерусалим, која што е секогаш силно осветлена. Вие ќе го научите духовното значење на изразот, „Богот и Агнецот се неговиот храм," големината и убавината на замокот во кој што престојува Господ и славата на луѓето кои што ќе влезат во Новиот Ерусалим, за тука да ја минуваат вечноста заедно со Господа.

Главата 8, „Јас Го Видов Светиот Град, Новиот Ерусалим," ќе ви ја претстави куќата на една личност, помеѓу многуте други, кој што го имал водено верниот и осветен живот на земјата и кој што ќе ги прими големите награди на небесата. Вие ќе бидете во можност да направите брз преглед на среќните денови што ќе следат во Новиот Ерусалим, преку читањето за различните големини и раскошот на небесните куќи, за различните капацитети и за севкупниот живот на небесата.

Деветтата и последната Глава, „Првата Забава Во Новиот Ерусалим," ќе ве поведе до местотот на одвивањето на првата забава, што ќе се одржи во Новиот Ерусалим, по одржувањето на Судењето на Големиот Бел Престол. Со претставувањето на некои од прататковците на верата кои што живеат блиску до престолот на Бога, *Небеса II* завршува со благословувањето на секој читател и со желбата да тој/таа го постигнат срцето што е чисто и јасно како кристалот, за да можат да бидат во можност да живеат што поблиску до престолот на Бога, во Новиот Ерусалим.

Колку што повеќе учите за небесата, толку повеќе тие ви стануваат се попрекрасени. Новиот Ерусалим, што може да се смета за „јадрото" на небесата, е местото каде што ќе го најдете престолот на Бога. Доколку ја знаете убавината и славата на Новиот Ерусалим, вие сигурно и искрено ќе се стремите кон небесата и ќе бидете посветени во вашиот живот во Христа.

Како што се наближува времето на Исусовото враќање, пред кое што Тој веќе завршил со подготвувањето на места за живеење на небесата за нас, е денес особено блиску, со *Небеса II: Исполнет со славата Божја,* јас се надевам дека вие ќе се подготвувате за вечниот живот исто така.

Се молам во името на Господа Исуса Христа вие да бидете во можност да живеете блиску до престолот на Бога, така што ќе се осветите себеси преку силната надеж за животот во Новиот Ерусалим и дека ќе бидете верни во сите ваши должности, дадени од Бога.

Геумсун Вин,
Директор на Уредничкото Биро

Содржина

Предговор

Вовед

Глава 1   **Новиот Ерусалим: Исполнет Со Божјата Слава • 1**
1. Во Новиот Ерусалим Се Наоѓа Престолот Божји
2. Оригиналниот Престол На Бога
3. Невестата На Агнецот
4. Сјаен Како Блескавите Скапоцени Камења И Јасен Како Кристалот

Глава 2   **Имињата На Дванаесетте Племиња И Дванаесетте Апостоли • 17**
1. Дванаесет Ангели Ги Чуваат Портите
2. Имињата На Дванаесетте Израелови Племиња Испишани На Дванаесетте Порти
3. Имињата На Дванаесетте Апостоли Врежани На Дванаесетте Темели

Глава 3   **Големината На Новиот Ерусалим • 41**
1. Измерен Со Златната Трска
2. Новиот Ерусалим Во Форма На Коцка

Глава 4   **Направен Од Чисто Злато И Разнобојни Скапоцености • 53**
1. Украсен Со Чисто Злато И Секакви Скапоцености
2. Ѕидовите На Новиот Ерусалим Направени Од Јаспис
3. Направен Од Чисто Злато Како Чисто Стакло

Глава 5   **Значењето На Дванаесетте Темели • 67**

    1. Јаспис: Духовна Вера
    2. Сафир: Чесност И Интегритет
    3. Халкидон: Невиност И Жртвена Љубов
    4. Смарагд: Праведност И Чистота
    5. Сардоникс: Духовна Верност
    6. Сард: Страстна Љубов
    7. Хрисолит: Милосрдие
    8. Вирил: Трпеливост
    9. Топаз: Духовна Добрина
    10. Хрисопрас: Самоконтрола
    11. Хијацинт: Чистота И Светост
    12. Аметист: Убавина И Кроткост

Глава 6   **Дванаесетте Бисерни Порти И Златниот Пат • 125**

    1. Дванаесетте Порти Направени Од Бисери
    2. Улици Направени Од Чисто Злато

Глава 7   **Восхитувачки Спектакл • 145**

    1. Нема Потреба Од Сончевата Или Месечевата Светлина
    2. Подигнувањето На Новиот Ерусалим
    3. Живеејќи Засекогаш Со Господа Нашиот Младоженец
    4. Славата На Жителите На Новиот Ерусалим

Глава 8   **„Јас Го Видов Светиот Град, Новиот Ерусалим" • 175**

    1. Небески Куќи Со Незамислива Големина
    2. Величествен Замок Со Потполна Приватност
    3. Туристички Места На Небесата

Глава 9   **Првата Забава Во Новиот Ерусалим • 213**

    1. Првата Забава Во Новиот Ерусалим
    2. Пророците Во Најодликуваната Група На Небесата
    3. Убавите Жени Од Гледиштето На Бога
    4. Марија Магдалена Престојува Блиску До Престолот На Бога

Глава 1

Новиот Ерусалим: Исполнет Со Божјата Слава

1. Во Новиот Ерусалим Се Наоѓа Престолот Божји
2. Оригиналниот Престол На Бога
3. Невестата На Агнецот
4. Сјаен Како Блескавите Скапоцени Камења И Јасен Како Кристалот

„Па ме поведе во Духот до една голема и висока планина, и ми го покажа светиот град Ерусалим, кој што слегуваше од небото, од Бога, и ја имаше Божјата слава. Светлината негова прилегаше на најдрагоцениот камен, на каменот како кристално јасниот јаспис."

- Откровение 21:10-11 -

Небесата претставуваат кралство кое што се наоѓа во четиридимензионалниот свет, управувано од Самиот Бог на љубовта и правдата. Иако тие не се видливи за голото око, небесата сигурно постојат. Колку ли многу среќа, радост, благодарност и слава ќе претекуваат на небесата бидејќи тие се најдобриот подарок што Бог им го подготвил на Своите чеда кои што се здобиле со спасението?

Сепак постојат различни места за живеење во рамките на небесата. Таму е Новиот Ерусалим во кој што се наоѓа Божјиот престол а исто така постои и Рајот, местото каде што луѓето кои што се едвај спасени, вечно ќе престојуваат. Исто како што значително се разликуваат животот во колибата и животот во кралскиот замок дури и тука на оваа земја, исто така ќе има и голема разлика во славата, во влегувањето во Рајот и во влегувањето во Новиот Ерусалим.

Сепак некои од верници ги сметаат „небесата" и „Новиот Ерусалим" за едно исто место, а некои пак од нив дури и не знаат дека постои Новиот Ерусалим. Колку ли е тажно сето тоа! Не е лесно да се стекнете со небесата дури и ако знаете за нив. Како тогаш еден човек може да напредува кон Новиот Ерусалим, без да знае за него?

Затоа Бог му го открил Новиот Ерусалим на апостолот Јован и му допуштил да во детали пишува за него, во Библијата. Откровение 21 длабински го опишува Новиот Ерусалим, а Јован бил трогнат само со гледањето на неговата надворешност.

Тој се исповеда во Откровението 21:10-11, *„Па ме*

поведе во Духот до една голема и висока планина, и ми го покажа светиот град Ерусалим, кој што слегуваше од небото, од Бога, и ја имаше Божјата слава. Светлината негова прилегаше на најдрагоцениот камен, на каменот како кристално јасниот јаспис."

Зошто тогаш Новиот Ерусалим е исполнет со Божјата слава?

1. Во Новиот Ерусалим Се Наоѓа Престолот Божји

Во Новиот Ерусалим се наоѓа престолот на Бога. Колку ли би можел Новиот Ерусалим да биде исполнет со славата Божја, бидејќи Самиот Бог живее во него?

Затоа вие можете да видите како луѓето дење и ноќе го слават, му благодарат и му ја оддаваат честа на Бога, во Откровението 4:8: „И четирите суштества имаа по шест крилја, а однадвор и одвнатре беа полни со очи, и дење и ноќе без прекин восликнуваа, 'Свет, свет, свет е Семоќниот Господ Бог, Кој што беше, Кој што е и Кој што ќе дојде.'"

Новиот Ерусалим исто така се нарекува и „Светиот Град" бидејќи е повторно сочинет со Словото на Бога, кој што е вистинит, без вина и кој што е самата светлина а во Него не се наоѓа никаква темнина.

Ерусалим е местото каде што Исус, кој што дошол во тело за да го отвори патот на Спасението за сето човештво, го проповедал евангелието и го исполнил Законот со љубовта.

Затоа Бог го создал Новиот Ерусалим за сите верници кои што го исполниле Законот со љубовта, за да престојуваат во истиот.

Божјиот Престол Во Центарот На Новиот Ерусалим

Каде тогаш во Новиот Ерусалим се наоѓа престолот Божји? Одговорот ни е откриен во Откровението 22:3-4:

> *И нема повеќе да има никакво проклетство; а престолот на Бога и на Агнецот ќе биде во градот; Неговите слуги ќе Му служат и ќе Го гледаат лицето Негово, а името Негово ќе им биде на челата нивни.*

Престолот на Бога се наоѓа во центарот на Новиот Ерусалим и само оние кои што го почитуваат Словото Божјо како покорни слуги, ќе можат да влезат таму и да го видат образот Божји.

Сето тоа е така бидејќи Бог ни кажал во Евреите 12:14, „*Барајте го мирот со сите луѓе и осветувањето без кое никој нема да може да го види Бога,*" и во Матеј 5:8, „*Блажени се чистите во срцата, бидејќи тие ќе Го видат Бога.*" Затоа вие треба да сфатите дека не може секој да влезе во Новиот Ерусалим, во кој што е сместен престолот Божји.

Како ли изгледа престолот на Бога? Некој може да помисли дека само наликува на некој голем стол, но тоа не е така. Во потесна смисла, се однесува на местото на кое што седи Бог, но во поширока смисла се однесува на живеалиштето на Бога.

Затоа, „престолот Божји" се однесува на живеалиштето на Бога, а околу Неговиот престол во центарот на Новиот Ерусалим, се наоѓаат и виножитата и престолите на дваесет и четворицата старци.

Виножитата И Престолите На Дваесет И Четворицата Старци

Убавината, прекрасноста и големината на престолот на Бога, можете да ја почувствувате во Откровение 4:3-6:

> *И Оној Кој што седеше, изгледаше како камењата јаспис и сардис во појавата, а околу престолот имаше виножито, кое што прилегаше на смарагд. Околу престолот имаше дваесет и четири престола; а на престолите видов седнати дваесет и четири Старци, облечени во бели алишта, а на главите имаа златни венци. Од престолот излегуваа молњи, громови и гласови, а пред престолот гореа седум огнени светила, кои што се седумте Божји Духови; пред престолот, пак, имаше нешто налик на стаклено море, слично на кристал; а во центарот и околу престолот – четири животни, однапред и одназад полни со очи.*

Има многу ангели и небесни сили кои што му служат на Бога. Таму исто така има и многу други духовни созданија како што се херувимите и четирите живи созданија кои што го чуваат Него.

Исто така, стакленото море се простира пред престолот Божји. Гледката на истото е многу убава, со многу видови на светлини што го опкружуваат престолот Божји кој се одразува на стакленото море.

Како дваесет и четворицата старци го опкружуваат престолот Божји? Дванаесет од нив се сместени позади Бога, а другите дванаесет позади Светиот Дух. Овие дваесет и четворица Старци се осветени поединци и го имаат правото да сведочат пред Бога.

Престолот на Бога е толку убав, извонреден и совршен што не може да се замисли со човечката фантазија.

2. Оригиналниот Престол На Бога

Дела на Светите Апостоли 7:55-56 повторно го напоменува забележувањето на Стефана за престолот на Агнецот кој што се наоѓа на десната страна од Божјиот трон:

А исполнет од Светиот Дух, (Стефан) внимателно погледна кон небото и ја виде славата Божја, и го виде и Исуса како стои од десната страна на Бога; и кажа, 'Еве, ги гледам небесата отворени и Синот Човечки како стои од десната страна на Бога.'

Стефан станал маченик бидејќи бил каменуван додека

храбро го проповедал Исуса Христа. Непосредно пред смртта на Стефана му се отвориле неговите духовни очи и тој можел да го види Господа како стои од десната страна на престолот на Бога. Господ не можел да остане седнат знаејќи дека Стефан наскоро ќе стане маченик од раката на Евреите кои што ја слушале неговата порака. Па така да Господ се исправил од Неговиот престол и пролеал солзи гледајќи го Стефана како е каменуван до смрт, а Стефан ја видел оваа сцена со неговите отворени духовни очи.

Исто така, Стефан го видел престолот на Бога каде што престојуваат Бог и Господ, а вие треба да сфатите дека овој престол е различен од оној кој што апостолот Јован го видел во Новиот Ерусалим. Престолот на Бога што Стефан го видел е оригиналниот престол на Бога.

Во старо време, кога кралот заминувал од неговата палата за да ги погледне земјата и луѓето, неговите поданици граделе едно место кое што наликувало на палата, за да може тука кралот привремено да престојува. На истиот начин, Божјиот престол во Новиот Ерусалим не го претставува престолот каде што Бог обично престојува, туку е престолот каде што Тој престојува во кратки временски периоди.

Оригиналниот Престол На Бога На Почетокот

Бог постоел сам, опфаќајќи го целиот универзум пред почетокот на времето (Исход 3:14; Јован 1:1; Откровение 22:13). Универзумот тогаш не бил истиот со тој што ние сега можеме да го видиме со нашите очи, туку претставувал еден единствен простор пред поделбата на духовни и физички светови. Бог постоел како светлина и го осветлувал целиот универзум.

Тој не бил нешто кое што е само налик на зракот на светлина, туку постоел како една заслепувачка, прекрасна светлина која што наликувала на воден тек кој што се преливал во боите на виножитото. Вие би можеле подобро да го разберете ова, доколку помислите на северната светлина која што може да се види околу Северниот Пол. Северната светлина (Аурора Бореалис) претставува група на различни бои на светлината, кои што се раширени како завеса и кажано е дека глетката е толку убава, што ако некој еднаш ја види, никогаш нема да ја заборави нејзината убавина.

Тогаш колку ли поубава би била светлината на Бога кој што е самата Светлина и како би можеле да ја изразиме совршената убавина, што произлегува од измешаноста на толкуте многу убави светлини?

Затоа се кажува во 1 Јован 1:5, *„Ова е пораката што сме ја чуле од Него и на вас ви ја објавуваме, а тоа е дека Бог е Светлината и во Него нема воопшто темнина."* Причината поради која се кажува дека „Бог е Светлината" не е само во тоа да се изрази духовното значење дека Бог нема никаква темнина, туку исто така и да се опише Божјата појава, како на оној кој што постоел како светлината, уште пред почетокот.

Овој единствен Бог, кој што уште од пред почетокот на времињата постоел сам, како светлината во универзумот, бил исполнет со гласот. Бог постоел како светлината исполнета со гласот и овој глас е „Словото" на кое што алудира Јован 1:1: *„На почетокот беше Словото, и Словото беше во*

Бога, и Бог беше Словото."

Во просторот каде Бог постоел како светлината со ѕвонлив глас, постојат одделни простори каде што Таткото, Синот и Светиот Дух можат индивидуално да престојуваат и да се одмараат. Во областа каде што се наоѓа оригиналниот престол Божји, во просторот на почетокот, постои простор за одмор, простории за дискусии, и пешачки патеки за шетање исто така.

Само на некои посебни ангели и на оние чии што срца наликуваат на срцето на Бога, им е дозволено да влезат на ова место. Ова место е издвоено, таинствено и обезбедено. Понатаму, ова место во кое што е сместен престолот на Светото Тројство, се наоѓа во простор каде што Бог постоел сам на почетокот, и се наоѓа на четвртите небеса издвоено од Новиот Ерусалим кој што се наоѓа на третите небеса.

3. Невестата На Агнецот

Бог сака сите луѓе да наликуваат на Неговото срце и да влезат во Новиот Ерусалим. Тој сепак и понатаму ја покажува Неговата милост кон оние кои што сеуште не го постигнале ова ниво на осветување, преку човечката култивација. Тој го поделил небесното царство на многу места за живеење почнувајќи со Рајот, па Првото, Второто и Третото Кралство Небесно и ги наградува Неговите чеда според она што го направиле.

Бог им го дава Новиот Ерусалим на Неговите вистински

чеда кои што целосно се осветени и верни во целиот Негов дом. Тој го изградил Новиот Ерусалим во спомен на Ерусалим, основата на евангелието и како еден нов сад кој што ќе содржи сѐ бидејќи тие со љубовта го исполниле законот.

Можеме да прочитаме во Откровението 21:2 дека Бог толку прекрасно го подготвил Новиот Ерусалим што градот го потсетувал Јована на прекрасно накитената невеста која што е подготвена за својот младоженец:

И го видов светиот град, Новиот Ерусалим, како слегува од Бога, од небото, стокмен како невеста, украсена за својот маж.

Новиот Ерусалим Е Како Прекрасно Накитената Невеста

Бог подготвува совршени места за живеење на небесата за невестите на Господа, кои што убаво се подготвуваат себе си за да го примат духовниот младоженец, Господа Исуса, преку обрежувањето на нивните срца. Најубавото место помеѓу сите овие вечни места за живеење, е градот Новиот Ерусалим.

Затоа, Откровение 21:9 го опишува градот Новиот Ерусалим, кој што е најубаво украсен за невестите на Господа, како *„Невестата, жената на Агнецот."*

Колку ли заносен мора да е Новиот Ерусалим, бидејќи го претставува најубавиот подарок наменет за невестите на Господа, што Богот на љубовта Самиот го има подготвено? Луѓето ќе бидат навистина трогнати кога ќе влезат во нивните куќи кои што се изградени за нив и за кои водел сметка Богот на љубовта, а кои што ги содржат посебните, индивидуални елементи, наменети за нив. Сето тоа е направено така, бидејќи Бог ја направил секоја куќа на тој начин, да совршено му одговара на вкусот на сопственикот.

Невестата го послужува сопругот и му го обезбедува местото за одмор. На истиот начин и куќите во Новиот Ерусалим им служат и ги прифаќаат невестите на Господа. Местото е навистина толку многу удобно и безбедно, што луѓето тука се исполнети со среќа и радост.

Тука на овој свет, без разлика колку и добро да му служи жената на нејзиниот маж, таа сепак нама да може да му ја пружи совршената смиреност и радост. Но во Новиот Ерусалим, куќите можат да ја пружат смиреноста и радоста, што луѓето на овој свет не можат да ја доживеат, бидејќи овие куќи се направени да многу совршено го задоволат вкусот на сопственикот. Куќите се изградени на еден совршен и величествен начин, според вкусот на сопствениците, бидејќи тие се наменети за луѓето чии што срца наликуваат на срцето Божјо. Колку ли чудесни и извонредни мора да се тие, земајќи го во предвид фактот дека Самиот Господ е оној кој што раководел со градењето?

Доколку вие навистина верувате во небесата, вие би биле навистина среќни при самата помисла на тоа како многуте ангели ги градат небесните куќи украсени со злато и скапоцени камења, следејќи го Божјиот закон што секого го наградува според она што го направил.

Можете ли да замислите колку ли посреќен и порадосен би бил животот во Новиот Ерусалим, кој што ќе ви угодува и ќе ве прифаќа, како што тоа го прави жената?

Небесните Куќи Ќе Бидат Украсени Според Делата На Сопственикот

Небесните куќи започнале да се градат уште од времето кога нашиот Господ воскреснал и се воздигнал на небесата, тие дури и денес се градат во согласност со нашите дела. Значи изградбите на куќите за оние луѓе чии што животи на оваа земја завршиле, се комплетирани; темелите се поставени а подигнати се и столбовите за некои од куќите; така што работите на некои од куќите се речиси завршени.

Кога ќе бидат готови сите небесни куќи наменети за верниците, тогаш Господ пак ќе се врати на оваа земја, но овој пат тоа ќе биде во воздухот:

> *Во домот на Мојот Отец има многу места за живеење; а и да немаше, Јас ќе ви кажев; Одам да ви приготвам место. Кога ќе отидам и ви приготвам место, пак ќе се вратам и ќе ве земам при Себе, за да бидете и вие каде што сум Јас* (Јован 14:2-3).

Вечните места за живеење, наменети за луѓето кои што се спасени, ќе се одредуваат во времето на Судењето на Белиот Престол.

Кога сопственикот ќе влезе во неговата или нејзината куќа откако местото за живеење и наградите ќе бидат распределени во согласност со нивната мерка на верата, куќата тогаш во потполност ќе засјае. Сето тоа ќе биде така бидејќи сопственикот и куќата ќе го сочинуваат совршениот пар, кога сопственикот ќе влезе во неговата или нејзината куќа, исто како што сопругот и сопругата стануваат едно тело.

Колку ли мора Новиот Ерусалим да биде исполнет со Божествената слава бидејќи го претставува местото во кое што е сместен Престолот Божји и каде што многуте куќи биле изградени за вистинските чеда Божји, кои што тогаш вечно ќе можат да ја споделуваат вистинската љубов со Него?

4. Сјаен Како Блескавите Скапоцени Камења И Јасен Како Кристалот

Кога, воден од Светиот Дух, апостолот Јован го видел Светиот Град Новиот Ерусалим, тој бил исполнет со стравопочит па така што можел само да се исповеда со следните зборови:

> *И ме одведе во Духот до една висока и голема планина и ми го покажа големиот град, светиот Ерусалим, кој слегуваше од небото, од Бога и ја имаше Божја слава. Светлината негова прилегаше на најдрагоцениот камен, како каменот на светлиот јаспис* (Откровение 21:10-11).

Воден од Светиот Дух, Јован го прославувал Бога гледајќи го прекрасниот град Новиот Ерусалим, од врвот на планината.

Новиот Ерусалим Сјае Со Славата На Бога

Што значи тоа кога се кажува дека светлината на Новиот Ерусалим сјае со славата на Бога и изгледа „како најдрагоцениот камен, како светлиот камен јаспис"? Постојат многу видови на скапоцени камења и тие си ги имаат различните имиња во согласност со нивниот состав и нивните бои. За да се смета за скапоцен, секој еден од ваквите камења, треба да сјае со една многу убава боја. Изразот „како најдрагоцен камен" укажува на тоа дека тој ја претставува совршената убавина. Затоа апостолот Јован ја споредил прекрасната светлина на Новиот Ерусалим со таа од скапоцените камења кои што луѓето ги сметаат за многу вредни и убави.

Понатаму Новиот Ерусалим има огромни и импресивни куќи и е украсен со небесните скапоцености кои што сјаат со една извонредна светлина која што можете да ја видите како блеска дури и ако гледате кон градот од далечина. Синикавите, бели светла што се спојуваат со многуте бои, се чини дека го обвиткуваат Новиот Ерусалим. Колку ли импресивна и извонредна мора да е оваа глетка?

Откровението 21:18, ни кажува дека ѕидот на Новиот Ерусалим е направен од јаспис. За разлика од нетранспарентниот јаспис кој што се наоѓа тука на оваа земја, јасписот на небесата има синкава боја и е толку прекрасен и прозирен што кога ќе погледнете во него, ви се чини како да гледате низ кристално јасната прозирна вода. Речиси е невозможно да се изрази убавината на неговата боја споредувајќи ја со нештата од овој свет. Можеби може да се спореди со сјајната сина светлина што се одразува од прозирните бранови. Ние само би можеле да ја искажеме неговата боја како прозирна, синкава и бела. Јасписот ја прикажува елегантноста и чистотата на Бога а ја претставува и Божјата „праведност" која што е беспрекорна, јасна и искрена.

Постојат многу видови на кристали, а според небеските стандарди тие се однесуваат на безбојните, прозирни и цврсти камења, кои што се прозирни и чисти како бистрата вода. Јасните и прозирни кристали нашироко се употребуваат во украсувањето уште од старите времиња, бидејќи тие не само дека се јасни и прозирни, туку исто така и прекрасно ја рефлектираат светлината.

Кристалот, иако не е многу скап, извонредно ја рефлектира светлината и прави таа да изгледа како виножитото. Уште повеќе, Бог со Неговата сила ја поставил блескавоста на славата на небесните кристали така да тие па не ни можат да се споредуваат со оние кои што можат да се најдат на оваа земја. Апостолот Јован се обидувал да ја искаже убавината, чистотата и блескавоста на Новиот Ерусалим, споредувајќи го со кристалот.

Светиот Град Новиот Ерусалим е исполнет со извонредната слава на Бога. Колку ли совршен, убав и сјаен мора да е Новиот Ерусалим, бидејќи тоа е местото каде што е сместен престолот Божји и го претставува и местото каде што Бог се формирал Себеси во Светото Тројство?

Глава 2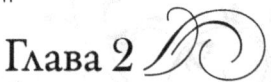

Имињата На Дванаесетте Племиња И Дванаесетте Апостоли

1. Дванаесет Ангели Ги Чуваат Портите
2. Имињата На Дванаесетте Израелови Племиња Испишани На Дванаесетте Порти
3. Имињата На Дванаесетте Апостоли Врежани На Дванаесетте Темели

„Имаше големи и високи ѕидови, дванаесет порти, а на нив дванаесет ангели и напишани имињата на дванаесетте племиња на синовите Израелеви: на исток имаше три порти, на север три порти, на југ три порти, и на запад три порти. Ѕидовите на градот имаа дванаесет темели, и врз нив испишани имињата на дванаесетте апостоли на Агнецот. "

- Откровение 21:12-14 -

Новиот Ерусалим е опкружен со ѕидови кои што светат со една совршена и блескава светлина. Усните на секој човек би останале подзинати гледајќи ја големината, величественоста, убавината и славата на овие ѕидови.

Градот е во форма на квадрат и има три порти од секоја страна: на исток, на запад, на север и на југ. Има вкупно дванаесет порти и е несватливо голем. Возвишените и силни ангели ги чуваат сите порти а имињата на дванаесетте племиња се испишани на овие порти.

Исто така околу ѕидовите на Новиот Ерусалим има дванаесет темели на кои што се поставени дванаесет столба и се забележани имињата на дванаесетте апостоли. Сето што се наоѓа во Новиот Ерусалим е направено така што е поврзано со бројот 12, како што е бројот на светлините и како негова основа. Сето тоа е направено на тој начин, за да му овозможи на секого полесно да разбере дека Новиот Ерусалим е местото наменето за оние чеда на светлината, чии што срца наликуваат на срцето на Бога, кој што и Самиот е светлина.

Да погледнеме сега на причините зошто дванаесете ангели ги чуваат дванаесетте порти на Новиот Ерусалим и зошто имињата на дванаесетте племиња и дванаесетте апостоли се запишани насекаде низ Градот.

1. Дванаесет Ангели Ги Чуваат Портите

Во старо време, многу војници или стражари чувале

стража пред портите на замоците во кои што престојувале и живееле кралевите или пак некои други великодостојници. Оваа мерка била неопходна за да се заштитат зградите од непријателите и натрапниците. Сепак дванаесетте ангели ги чуваат портите на Новиот Ерусалим, иако никој не може ниту да влезе ниту да нападне тука, бидејќи во Градот се наоѓа престолот на Бога. Што тогаш би била причината за тоа?

Да Се Прикаже Богатството, Авторитетот и Славата

Градот Нов Ерусалим е огромен и грандиозен вон нашето поимање. Големиот Забранет Град во Кина, во кој што живееле императорите, е голем само онолку колку што е голема една приватна куќа во Новиот Ерусалим. Дури и големината на големиот Кинески Ѕид, едно од седумте светски чуда на античкиот свет, не може да се спореди со таа на Градот Нов Ерусалим.

Првата причина за тоа што тука има дванаесет ангели кои што ги чуваат портите, е таа за да се симболизира богатството и честа, авторитетот и славата. Дури и денеска, моќните или пак богатите луѓе, имаат нивни лични стражари, во и околу нивните куќи, а самото тоа го покажува богатството и авторитетот на жителите.

Затоа ангелите, кои што се наоѓаат на повисокото место во хиерархијата, ги чуваат портите на Градот Нов Ерусалим, во кој што се наоѓа Божјиот престол. Еден човек може да го почувствува авторитетот на Бога и на жителите на Новиот Ерусалим само со погледнувањето на дванаесетте ангели, чие што присуство само ја надополнува убавината и славата на самиот Нов Ерусалим.

Да Се Заштитат Признаените Чеда Божји

Која тогаш би била втората причина зошто дванаесетте ангели ги чуваат портите на Новиот Ерусалим? Евреите 1:14 прашува, *„Нели се сите тие службени духови, испратени за да им служат на оние кои што ќе го наследат спасението?"* Бог ги заштитува Неговите чеда кои што живеат на оваа земја преку Неговите огнени очи и преку ангелите што ги испраќа. Затоа оние кои што живеат според Словото Божјо, нема да можат да бидат наклеветени од страна на Сатаната, туку ќе бидат заштитени од искушенијата, неволјите, природните или пак од човекот направени катастрофи, од болестите и од несреќите.

Исто така, на небесата постојат безброј ангели кои што ги извршуваат нивните должности според Божјите заповеди. Помеѓу нив има и ангели кои што го гледаат, забележуваат и кои што го известуваат Бога, за секое дело што некоја личност ќе го направи, без оглед дали таа личност е или не е верник. На Судниот Ден, Бог ќе се присети дури и на секој еден збор искажан од некого и ќе наградува според тоа што тој или таа имаат сторено.

На истиот начин, сите ангели се духови врз кои што Бог има контрола и очигледно е дека тие ќе ги штитат и ќе се грижат за Божјите чеда, дури и на небесата. Секако дека нема да има никакви несреќи ниту пак опасности на Небесата, бидејќи таму не постои темнината што му припаѓа на непријателот ѓаволот, туку тоа ќе биде нивна природна должност, да им служат на нивните господари. Тие на оваа должност нема да бидат присилени од никого туку истата ќе ја вршат доброволно, според поредокот и хармонијата на духовното царство; тоа ја претставува природната должност што им е доделена на ангелите.

Да Се Одржува Мирољубивиот Поредок Во Новиот Ерусалим

Која тогаш би била третата причина што дванаесете ангели ги чуваат портите на Новиот Ерусалим?

Небесата претставуваат едно совршено духовно кралство без никаков недостаток и функционираат во еден совршен поредок. Таму не постои омразата, расправиите или наредбите, туку истото функционира и се одржува единствено според Божјите заповеди.

Куќа која што е поделена од внатре, ќе пропадне. На истиот начин, дури и светот на Сатаната не функционира против самиот себе, туку дејствува според некој одреден поредок (Марко 3:22-26). Колку праведно тогаш ќе биде воспоставено кралството Божјо и ќе функционира во еден поредок?

На пример, забавите што се одржуваат во Новиот Ерусалим, се одвиваат според одреден ред. Спасените души од Третото, Второто, Првото Кралство и Рајот, можат да влезат во Новиот Ерусалим само врз основа на покана, повторно според духовниот поредок. Таму тие ќе му угодуваат на Бога и ќе ја споделуваат радоста заедно со жителите на Новиот Ерусалим.

Што би се случило доколку спасените души од Рајот, Првото, Второто и Третото Кралство би можеле слободно да влегуваат во Новиот Ерусалим, кога и да посакаат? Како што им опаѓа вредноста дури и на најскапоцените и највредните објекти, доколку со нив не се управува соодветно со текот на времето и доколку се користат прекумерно, исто така доколку се наруши поредокот во Новиот Ерусалим, неговата убавина не би можела соодветно да се зачува.

Затоа за да се сочува мирољубивиот поредок на Новиот Ерусалим, постои потребата за дванаесетте порти и за ангелите кои што ја чуваат секоја порта. Се разбира дека, поради разликата во славата, верниците од Третото Небесно Кралство и од пониските нивоа, нема да можат слободно да влегуваат во Новиот Ерусалим, дури и да нема ангел чувар на портата. Ангелите само обезбедуваат поредокот соодветно да се одржува.

2. Имињата На Дванаесетте Израелови Племиња Испишани На Дванаесетте Порти

Која тогаш е причината поради која имињата на дванаесетте племиња на Израел, се напишани на портите на Новиот Ерусалим? Имињата на дванаесетте племиња Израелови го симболизираат фактот дека дванаесетте порти на Новиот Ерусалим почнуваат со дванаесетте племиња на Израел.

Позадината Поради Која Се Направени Дванаесетте Порти

Адам и Ева, кои што биле истерани од Градината Едемска поради гревот на непочитувањето, пред околу 6,000 години, изродиле многу деца додека живееле тука на оваа земја. Кога светот бил исполнет со гревови, сите освен Ное и неговото семејство, најправедениот човек меѓу сите луѓе од неговото време, биле казнети и уништени преку водата.

Потоа пред околу 4,000 години се родил Авраам, а кога дошло соодветното време, Бог го востановил како прататкото на верата и изобилно го благословил. Бог му ветил на Авраама, во Битие 22:17-18.

> *Навистина, Јас многу ќе те благословам и ќе го умножам потомството твое, да биде како ѕвездите на небото и како песокта на морскиот брег! А потомците твои ќе ги завладеат градовите на непријателите свои. Преку семето твое ќе бидат благословени сите народи на земјата, бидејќи го послуша гласот Мој.*

Верниот Бог го одредил Јакова, внукот на Авраама, за основач на Израел и ги создал темелите за да создаде народот преку неговите дванаесет синови. Потоа пред околу 2,000 години, Бог го испратил Исуса, како потомок од племето на Јуда и го отворил патот за спасението на сето човештво.

На овој начин, за да ги исполни благословите што му ги дал на Авраама, Бог го создал народот Израелов, преку дванаесетте племиња. Понатаму, за да се укаже и да се означи овој факт, Бог ги направил дванаесетте порти на Новиот Ерусалим и на нив ги испишал имињата на тие дванаесет Израелови племиња.

Ајде сега подобро да го погледнеме Јакова, прататкото на Израелот и на дванаесетте племиња.

Јаков Прататкото На Израел И Неговите Дванаесет Синови

Јаков, внук на Авраама и синот на Исака, на лукав начин го презел правото на прворoден од неговиот постар брат Исав и затоа морал да побегне од неговиот брат кај вујко му Лаван. Во текот на двесетгодишниот престој во Лавановата куќа, Бог го оплеменил Јакова за да може да стане прататкото на Израелот.

Во Битието 29:21 па натаму, во детали ни се објаснети браковите на Јакова и раѓањето на неговите дванаесет синови. Јаков се заљубил во Рахил и поради тоа се заветил да му служи на Лавана во текот на седум години, за да може потоа да ја земе за жена, но тој бил измамен од неговиот вујко кој што наместо неа му ја дал за жена Лија, нејзината сестра. Тој морал да му даде завет на Лавана дека ќе му служи уште дополнителни седум години, за да може да се ожени со неа. Јаков најпосле се оженил со Рахил и ја љубел многу повеќе отколку што ја сакал Лија.

Бог бил милостив кон Лија, која што не била сакана од нејзиниот сопруг и ја отворил нејзината утроба. Лија го родила Рувим, Симеон, Левиј и Јуда. Рахил била сакана од

Јакова, но некое одредено време не можела да раѓа синови. Таа и станала љубоморна на нејзината сестра Лија и затоа му ја дала за жена нејзината слугинка Вала на нејзиниот сопруг. Вала ги родила Дан и Нефталим. Кога Лија веќе не можела да забремени, таа му ја дала на Јакова нејзината слугинка Зелфа за жена и потоа Зелфа му ги родила Гад и Асир.

Подоцна Лија ја добила согласноста од Рахил да спие со Јакова, за да може да ги добие мандрагорите од нејзиниот прв син Рувим. Таа подоцна ги родила Исахар и Зевулон и ќерката Дина. Тогаш Бог се сетил на Рахил, која што била јалова и и ја отворил нејзината утроба па тогаш таа го родила Јосифа. По раѓањето на Јосифа, Јаков ја добил заповедта од Бога да ја премине реката Јавок и да се врати во неговиот роден град, заедно со неговите две жени, двете слугинки и единаесетте сина.

Во текот на дваесет години Јаков минувал низ искушенија во куќата на неговиот вујко Лаван. Потоа се покорил себе си и се молел сè додека не му се исчашил колкот кај реката Јавок, кога одел по патот кон неговиот роден град. Тој тогаш го добил новото име „Израел" (Битие 32:28). Израел исто така се смирил со неговиот брат Исав и живеел во земјата Хананска. Го примил благослов да стане прататкото на Израелот и од Рахил го добил последниот од неговите синови, Венијамин.

Дванаесетте Племиња На Израел, Избраните Луѓе Од Бога

Јосиф, помеѓу дванаесетте синови Израелови, бил

најмногу сакан од неговиот татко, па затоа бил продаден во Египет кога бил на седумнаесет годишна возраст, од страна на неговите браќа, кои што биле обземени со завист. Сепак според Божјото провидение, кога наполнил триесет години, Јосиф станал премиер на Египет. Знаејќи дека ќе настане страшна глад во земјата Хананска, Бог прво го испратил Јосифа во Египет, а потоа му овозможил на сето негово семејство да се пресели таму, за да можат да го зголемат доволно својот број, за да станат народ.

Во Битие 49:3-28, Израел ги благословил неговите дванаесет сина непосредно пред да го испушти својот последен здив и тие се дванаесетте племиња Израелови:

„Рувиме, сине мој првороден;
ти си крепоста моја и почеток на чедата мои (с. 3)...
Симеон и Левиј се браќа;
нивните мечови го спроведуваат
насилството (с. 5)...
Јудо! Тебе ќе те фалат браќата твои (с. 8)...
Завулон ќе живее покрај морето (с. 13)...
Исахар е јако магаре,
почивајќи меѓу оградата на торот (с. 14)...
Дан ќе му суди на својот народ,
како на едно од племињата Израелови (с. 16)...
А Гад, него незгоди ќе го снајдат,
но тој, одејќи им по трагите ќе ги совлада (с. 19)...
Кај Асира ќе има храна во изобилие (с. 20)...
Нефталим е како срната растрчана,
 што кажува убави зборови (с. 21)...

*Јосиф е како полната гранка,
полната во пролет* (с. 22)...
Венијамин е волк граблив (с. 27)..."

Ова се дванаесетте племиња Израелови и тоа е она што татко им им го кажал кога ги благословил, давајќи му го на секого благословот што му одговара. Благословите биле различни бидејќи секој син (племе) бил различен по карактер, различен како личност, по начинот на однесување и по природата.

Преку Мојсеја, Бог им го дал Законот на дванаесетте племиња Израелови и бил оној кој што излегол од Египет и започнал да ги води кон земјата Хананска, во која што течел медот и млекото. Во Повторените Закони 33:5-25, можеме да видиме како Мојсеј, пред неговата смрт, ги благословува луѓето на Израелот.

„*Да живее Рувим и да не умира,
и да биде многуброен* (с. 6) ...
*чуј го ГОСПОДИ, гласот на Јуда,
и донеси го кај народот негов* (с. 7) ...
*И за Левиј кажа,
„Нека Твојот Тумим и Твојот Урим
припаѓаат на Твојот Божји човек"* (с. 8) ...
*За Венијамина кажа,
„Нека саканиот од ГОСПОДА,
засекогаш престојува во
заштитата Негова"* (с. 12) ...
А на Јосифа му кажа,

*„Нека ја благослови ГОСПОД земјата негова,
со избраните дарови небесни, со росата
и со нештата од длабочината,
што лежи долу"* (с. 13) ...
*Тоа се десетиците илјади Ефремови,
тоа се илјадниците Манасиеви* (с. 17) ...
*На Завулона му рече,
„Весели се Завулоне, во своето напредување,
и ти Исахаре, за шаторите свои"* (с. 18) ...
*За Гад кажа,
„Благословен нека е оној
кој ќе го прошири Гада"* (с. 20) ...
*За Дан кажа,
„Дан е како младото лавче,
кој што скока од Васан"* (с. 22) ...
*За Нефталима кажа,
„Нефталим е задоволен со пријатности,
и исполнет со благословот од ГОСПОДА"* (с. 23) ...
*Најблагословен од сите синови е Асир;
нека биде омилен меѓу браќата свои* (с. 24) ..."

Левиј, еден од дванаесетте синови Израелови, бил исклучен од дванаесетте племиња, со цел да тој и неговите потомци станат свештеници и да му се посветат на Бога. Наместо тоа, двата сина Јосифови, Манасија и Ефрем формирале две племиња, за да ги заменат Левитите.

Имињата На Дванаесетте Племиња Испишани На Дванаесетте Порти

Како тогаш можеме ние, кои ниту сме членови на дванаесетте племиња Израелови, ниту пак директни потомци на Авраама, да бидеме спасени и да минеме низ дванаесетте порти на кои што се испишани имињата на дванаесетте племиња?

Можеме да го најдеме одговорот на тоа прашање во Откровението 7:5-8:

> *И го слушнав бројот на оние кои што беа запечатени, сто четириесет и четири илјади запечатени од секое племе на синовите Израелови: од племето на Јуда, дванаесет илјаи беа запечатени, од Рувимовото племе, дванаесет илјади, од Гадовото племе, дванаесет илјади, од Асировото племе, дванаесет илјади, од Нефталимовото племе, дванаесет илјади, од Манасииното племе, дванаесет илјади, од Симеоновото племе, дванаесет илјади, од Левијиното племе, дванаесет илјади, од Исхаровото племе, дванаесет илјади, од Завулоновото племе, дванаесет илјади, од Јосифовото племе, дванаесет илјади, од Венијаминовото племе, дванаесет илјади.*

Во овие стихови, името на племето на Јуда доаѓа прво, а името на племето на Рувим го следи, за разлика од записот во Битието и во Повторените Закони. Името на племето на Дан е избришано а името на Манасеј е додадено.

Во 1 Кралства 12:28-31, е запишан тешкиот грев на Дановото племе.

> *Така кралот, откако се посоветувал, направил две златни телиња и му кажа на народот, „Премногу е за вас да одите во Ерусалим; еве ги вашите богови, Израеле, кои што те изведоа од Египетската земја." И едниот го постави во Ветил, а другиот во Дан. Тоа предизвика грев, зашто народот почна да оди да го обожува едниот од нив дури и до Дан. И изгради идолски светилишта и постави свештеници кои што не беа од Левиевите синови.*

Јеровоам, кој што стана првиот крал на Јужното Кралство Израел, помисли во себе дека доколку луѓето одат да понудат жртви во храмот БОЖЈИ во Ерусалим, тие повторно ќе му станат верни на нивниот господар, Ровоам кралот Јудејски. Кралот направил две златни телиња и поставил едно во Ветил, а другото во Дан. Тој им забранил на луѓето да одат во Ерусалим, да му даваат жртви на Бога и ги завел да служат во Ветил и Дан.

Дановото племе го направило гревот на обожување на идоли и дозволило обичните луѓе да бидат свештениците на Бога, иако никој освен племето на Левитите не можел да стане свештеник. И тие воспоставиле прослава на петнаесетиот ден од осмиот месец, налик на прославата што се одржувала во Јудеа. Сите овие гревови не можеле да бидат простени од страната на Бога и затоа Тој ги напуштил.

Затоа името на Дановото племе било избришано и заменето со името на племето на Манасија. Фактот дека името на племето на Манасија било додадено е пророкувано во Битието 48:5. Јаков му кажал на својот син Јосиф:

> *А сега, двајцата синови твои, кои ти се родија во земјата Египетска, пред да дојдам во Египет, нека бидат мои; Ефрем и Манасија, како што ми се Рувим и Симеон.*

Јаков, таткото на Израелот, веќе ги избрал Манасија и Ефрем како негови. Така што во Откровението на Новиот Завет, може да се најде дека е запишано името на племето на Манасија, наместо тоа на Дан.

Податокот дека името на племето на Манасија е запишано помеѓу дванаесетте племиња Израилови на овој начин, иако тој не бил еден од дванаесетте водачи на Израелот, укажува дека Незнабошците ќе го заземат местото на Израелците и ќе бидат спасени.

Бог ги поставил темелите на народот преку дванаесетте племиња на Израелот. Пред околу две илјади години, Тој ја отворил портата за измивање на нашите гревови, преку скапоцената крв што Исус Христос ја пролеал на крстот и овозможил секој од нас да го прими спасението преку верата.

Бог го избрал народот Израелов кој што произлегол од дванаесетте племиња и го нарекол „Мојот народ", но бидејќи тие не успеале во следењето на волјата Божја, евангелието преминало кај Незнабожците.

Незнабошците, фиданката од калемената дива маслина, го замениле од Бога избраниот народ Израелов, што ја претставува фиданката на маслината. Поради тоа, апостолот Павле кажал во Римјаните 2:28-29 дека „*Оти не е Јудеец оној кој што е таков по надворешноста, ниту по обрезанието, кое што е надворешно, врз телото, туку е оној, кој што е внатрешно таков, и обрезанието му е во срцето, во духот, а не во словото, и него нема да го пофалуваат луѓето, туку Бог.*"

Накратко, Незнабошците го заменуваат народот Израелов во исполнувањето на провидението Божје, исто како што Дановото племе било избришано, а племето на Манасија било додадено. Затоа дури и Незнабошците можат да влезат во Новиот Ерусалим, низ дванаесетте порти, доколку ги поседуваат соодветните квалификации во верата.

Така да, не само оние кои што им припаѓаат на дванаесетте племиња Израилови, туку исто така и оние кои што стануваат Авраамови потомци во верата, ќе го примат спасението. Кога Незнабошците ќе пристапат во верата, Бог повеќе не ги смета за „Незнабошци" туку за членови на дванаесетте племиња. Сите народи ќе бидат спасени преку дванаесетте порти и во тоа е и праведноста на Бога.

Најпосле, „дванаесетте племиња" на Израел, духовно се однесува на сите чеда Божји кои што се спасени преку верата и затоа Бог ги има испишано имињата на дванаесетте племиња, на дванаесетте порти на Новиот Ерусалим, за симболично да укаже на тој факт.

Сепак, како што различните земји и области ги имаат

различни особености, така и славата на секое племе од дванаесетте племиња, на дванаесетте порти, исто така ќе се разликува и на небесата.

3. Имињата На Дванаесетте Апостоли Врежани На Дванаесетте Темели

Која тогаш би била причината за да имињата на дванаесетте апостоли бидат испишани на дванаесетте темели на Новиот Ерусалим?

За да се изгради една зграда, мора да постојат темели на кои што ќе се постават столбовите. Лесно е да се процени големината на градбата, доколку погледнете во длабочината на ископаното. Темелите се многу важни бидејќи тие мора да и ја дадат подршката на тежината на целата структура.

На истиот начин биле поставени и дванаесетте темели за да се издигнат ѕидовите на Новиот Ерусалим и биле ставени и дванаесетте столбови, помеѓу кои што требало да се направат дванаесетте порти. Тогаш биле направени дванаесетте порти. Големината на дванаесетте темели и на дванаесетте столба е толку голема што го надминува нашето поимање за тоа, а ние подлабоко ќе навлеземе во таа проблематика, во следната глава.

Дванаесетте Темели, Поважни Од Дванаесетте Порти

Секоја сенка ја има суштината на тоа што ја фрла. Според

истото значење Стариот Завет ја претставува сенката на Новиот Завет, бидејќи стариот завет сведочи за Исуса, кој што ќе дојде на овој свет во улогата на Спасителот, а Новиот Завет го бележи свештенствувањето на Исуса, кој што дошол на овој свет, ги исполнил сите пророштва и го исполнил патот на спасението (Евреи 10:1).

Бог, кој што ги поставил темелите на народот преку дванаесетте племиња на Израелот и го објавил Законот преку Мојсеја, преку Исуса ги подучувал дванаесетте апостоли, Исус кој што го исполнил Законот со љубов и ги направил нив сведоците на Господа, сé до крајот на земјата. На овој начин, дванаесетте апостоли се хероите кои што овозможиле да се исполни законот на Стариот Завет и да се изгради градот Новиот Ерусалим, дејствувајќи не како сенка, туку како суштина.

Затоа дванаесетте темели на Новиот Ерусалим се поважни од дванаесетте порти и улогата на дванаесетте апостоли е поважна од онаа на дванаесетте племиња.

Исус И Неговите Дванаесет Ученици

Исус, Синот Божји, кој што дошол на овој свет во тело, започнал со Неговото свештенство на возраст од триесет години, ги повикал Неговите ученици и ги подучувал. Кога дошло време, Исус ги овластил Неговите апостоли да истеруваат демони и да ги лекуваат болните. Матеј 10:2-4 ги споменува дванаесетте апостоли:

А имињата на дванаесетте апостоли се овие:

првиот Симеон, наречен Петар, и Андреј, братот негов; Јаков Зеведеев и Јован, братот негов; Филип и Вартоломеј; Тома и Матеј митникот; Јаков Алфеев и Тадеј; Симеон Занесеникот и Јуда Искариотски кој што и Го предаде.

Како што тоа го барал од нив Исус, тие го проповедале евангелието и ги вршеле делата на силата Божја. Тие сведочеле за живиот Бог и одвеле многу души по патот на спасението. Сите од нив освен Јуда Искариотски, кој што бил поттикнат од Сатаната и завршил продавајќи го Исуса, го посведочиле воскресението и воздигнувањето на Господа и го искусиле Светиот Дух преку постојаните молитви.

Тогаш како што Господ им одредил, тие го примиле Светиот Дух и силата и станале сведоците на Господа во Ерусалим, во сета Јудеја и Самарија, и до краевите на земјата.

Матиј Го Заменил Јуда Искариотски

Дела на Светите Апостоли 1:15-26 ја опишува постапката на ставањето на Јуда Искариотски помеѓу дванаесетте апостоли. Тие му се молеле на Бога и фрлале коцки. Ова било направено на тој начин, бидејќи апостолите сакале сето тоа да биде сторено според волјата Божја, без вмешувањето на било какви човечки мисли. На крајот избрале еден од оние кои што биле подучувани од Исуса, човекот по име Матиј.

Тука лежи причината зошто Исус сепак го избрал Јуда Искариотски, знаејќи дека на крајот тој ќе го предаде. Податокот дека Матиј бил новоизбраниот, докажува дека дури и Незнабошците можат да го примат спасението. Тоа исто така значи дека избраните слуги Божји денеска, припаѓаат на местото на Матијаса. Од воскресението и воздигнувањето на Господа па наваму, имало многу слуги Божји кои што биле избрани од Самиот Бог да секој што ќе стане едно со Господа, ќе може да биде избран како еден од апостолите на Господа, на оној начин на кој што и Матиј станал еден од Неговите апостоли.

Слугите на Бога, избрани од Самиот Бог, ја почитуваат волјата на нивниот Господар само со „Да." Ако слугите Божји не ја почитуваат Неговата волја, тие не можат и не треба да бидат нарекувани „слугите Божји" или „избраните слуги Божји."

Дванаесетте апостоли вклучувајќи го и Матијаса наликувале на Господа, ја достигнале светоста, ги почитувале учењата Господови и во потполност ја исполнувале волјата Божја. Тие станале темелите на светската мисија, со исполнувањето на нивните должности, сè додека не станале маченици.

Имињата На Дванаесетте Апостоли

Оние кои што биле спасени преку верата иако не биле ниту осветени, ниту верни во целиот Божји дом, ќе можат да го посетат Новиот Ерусалим ако бидат поканети, но нема да можат да живеат таму засекогаш. Причината зошто имињата на дванаесетте апостоли се напишани на дванаесетте темели е таа за да не потсети дека само оние кои што биле осветени и верни во целиот Божји дом во овој живот, ќе можат да дојдат во Новиот Ерусалим.

Дванаесетте племиња Израелови се однесуваат на сите чеда Божји кои што се спасени преку верата. Оние кои што се осветени и верни во животот, ќе ги поседуваат квалификациите да влезат во Новиот Ерусалим. Поради овие причини, дванаесетте темели се поважни и заради тоа имињата на дванаесетте апостоли не се напишани на дванаесетте порти туку на дванаесетте темели.

Зошто тогаш, Исус избрал само дванаесет апостоли? Во Неговата совршена мудрост, Бог го исполнил Неговото провидение кое што го одредил уште пред почетокот на времето и исполнил сé во согласност со тоа. Затоа знаеме дека тоа што Исус си избрал само дванаесет апостоли, било исто така извршено во согласност со Божјиот план.

Бог, кој што ги создал дванаесетте племиња во Стариот Завет, избрал дванаесет апостоли, користејќи го бројот 12, кој што претставува „светлина" и „совршенство" во Новиот Завет исто така, па сенката на Стариот Завет и суштината на Новиот Завет се совпаднале.

Богот не се премислува, ниту пак Го менува својот план што еднаш веќе го одредил и се придржува на Неговото Слово. Затоа ние мораме да веруваме на сето Слово Божјо во Библијата, да се подготвиме себеси како невестите на Господа, за да го примиме Него и да успееме да се здобиеме со потребните квалификации за да влеземе во Новиот Ерусалим, исто како и дванаесетте апостоли.

Исус ни кажал во Откровението 22:12, *„И еве, Ќе дојдам скоро, и наградата Моја е со Мене, за да му ја дадам на секого според делата негови."*

Каков Христијански живот би требало да водите, ако навистина верувате дека Господ навистина наскоро ќе се врати? Вие не би требало да бидете задоволни само со тоа што ќе го примите спасението преку верата во Исуса Христа, туку би требало да се обидете да ги отфрлите вашите гревови и да бидете верни во сите ваши должности, исто така.

Се молам во името на Господа, Исуса Христа, да вие ја добиете вечната слава и благословот во Новиот Ерусалим, исто како и прататковците на верата, чии што имиња се испишани на дванаесетте порти и на дванаесетте темели!

Глава 3

Големината На Новиот Ерусалим

1. Измерен Со Златната Трска
2. Новиот Ерусалим Во Форма На Коцка

„А оној што зборуваше со мене, имаше трска златна за да го измери градот и портите негови и ѕидовите негови. Градот е четириаголен а должината му е колку што и широчината. Тој го измери градот со трската и најде дека изнесува илјада и петстотини милји; а должината, широчината и височината негова му се еднакви. Потоа ги измери ѕидовите негови, што беа седумдесет и две јарди според мерката човечка, која што е и ангелска. "

- Откровение 21:15-17 -

Некои верници мислат дека секој кој што е спасен ќе влезе во Новиот Ерусалим, во кој што се наоѓа престолот Божји или пак погрешно мислат дека Новиот Ерусалим ги претставува небесата во нивната севкупност. Сепак Новиот Ерусалим не е севкупните небеса, туку само дел од бескрајните небеса. Само вистинските чеда Божји кои што се свети и осветени ќе можат да влезат во него. Колку ли е голема, можеби ќе се запрашате, големината на Новиот Ерусалим, кого што Бог го подготвил за Неговите искрени чеда?

Да погледаме малку во големината и обликот на Новиот Ерусалим и во духовните значења кои што се скриени во нив.

1. Измерен Со Златната Трска

Природно е да оние кои што се со вистинска вера и искрената надеж за Новиот Ерусалим, да се прашуваат за формата и за големината на Градот. Бидејќи тоа е местото наменето за чедата Божји кои што се во потполност осветени и наликуваат на Господа, Бог го подготвил Новиот Ерусалим да изгледа толку убаво и величествено.

Во Откровението 21:15 можете да прочитате за ангелот кој што стои со златна трска, за да ја измери големината на портите и ѕидовите на Новиот Ерусалим. Која тогаш би била причината поради која Бог направил Новиот Ерусалим да биде измерен со златната трска?

Златната трска е еден вид на прав агол кој што се користи за да се измери далечината на небесата. Ако го познавате значењето на златото и на трската, ќе можете да ја сфатите и причината зошто Бог ги измерил димензиите на Новиот Ерусалим со златната трска.

Златото е синоним за „верата" бидејќи таа никогаш не се менува со текот на времето. Златото на златната трска го симболизира фактот дека мерењето Божјо е точно и никогаш не се менува и дека сите Негови ветувања ќе бидат одржани.

Карактеристиките На Трската Што Ја Мери Верата

Трската е висока а нејзините краеви се меки. Лесно се витка на ветрот но никогаш не се крши; ја поседува и мекоста и силата во исто време. Трската има чворови кои што значат дека Бог наградува во согласност со делата на личноста.

Затоа причината зошто Бог го мери Градот Нов Ерусалим со златна трска е да ја измери верата на секого точно и да возврати според тоа што тој или таа го имаат сторено.

Да ги разгледаме сега карактеристиките и духовното значење на трската, за да можеме да сватиме зошто Бог ги мери димензиите на Новиот Ерусалим со златната трска.

Првата карактеристика би била таа што трските имаат многу длабоки, силни корења. Тие се високи од 1-3 метри, околу 3-10 стапки и живеат во групи, во песокот на мочуриштата или на езерата. Тие изгледаат како да имаат слаби корења но не можеме така лесно да ги откорнеме.

На истиот начин, чедата Божји би требало да бидат

цврсто вкоренети во верата и да стојат на карпата на вистината. Само кога ќе ја имате непроменливата вера, која нема да може да биде потресена под никакви околности, вие ќе бидете во можност да влезете во Новиот Ерусалим, чии димензии се мерат со златната трска. Поради оваа причина апостолот Павле се молел за верниците од Ефес, *„и преку верата Христос да се всели во срцата ваши; па и вие да бидете вкоренети и утврдени во љубовта"* (Ефесјани 3:17).

Втората карактеристика би била таа што трските имаат многу меки краеви. Исус го имал мекото и кротко срце кое што наликувало на трските, Тој никогаш не се расправал ниту пак некогаш подвикнал на некого.

Дури и кога луѓето го критикувале и го прогонувале, Исус никогаш не се расправал со нив, туку си заминувал. Поради тоа оние кои што се надеваат на Новиот Ерусалим би требало да имаат кротки срца, како што било срцето на Исуса. Доколку се чувствувате непријатно кога другите ви посочуваат на вашите грешки или ве прекоруваат, тоа значи дека сеуште го имате тврдото и гордо срце. Доколку го имате мекото и покорното срце како што е внатрешноста на трската, вие би можеле да ги прифатите овие нешта со радост, без да се почувствувате несреќно или незадоволно.

Третата карактеристика би била таа што трските лесно се виткаат под ветриштата, но не можат лесно да се скршат. По силната бура можеме да видиме дека големите дрвја понекогаш можат да бидат откорнати, но за разлика од нив трските обично не можат да се скршат од силните ветришта, бидејќи се меки. Луѓето од овој свет понекогаш ги спредуваат умовите и срцата на жените со трските, за да ги претстават во лоша конотација, но споредбата Божја е сосема спротивна. Трските се меки и можеби изгледаат слабо, но сепак во себе ја имаат силата да не се прекршат при силните ветришта а ја имаат и убавината што им ја даваат нивните елегантни бели цветови.

Бидејќи трските ги имаат сите аспекти на нештата како што се мекоста, силата и убавината, тие можат да ја симболизираат правдата на некои судења. Таквите карактеристики на трските исто така можат да бидат и атрибутите на државата Израел. Израел има прилично мала територија и население и е опкружен со непријателски расположени соседи. Така да Израел можеби изгледа како слаба земја, но тој под никакви околности, никогаш не се „крши." Сето тоа е така бидејќи луѓето тука ја имаат силната вера во Бога, верата која што е вкоренета уште од прататковците на верата, вклучувајќи го тука и Авраама. Иако изгледа дека за миг ќе се скршат, верата во Бога им овозможува цврсто да застанат.

Со истото значење, со цел да влеземе во Новиот Ерусалим, мораме да ја имаме верата што никогаш, под никакви околности не се менува, имајќи го коренот во Исуса Христа, кој што ја претставува карпата, и да наликуваме на трските со силните корења.

Четвртата карактеристика на трските е таа што стеблата на трските се прави и мазни, па така да тие често биле користени за правењето на таваните, стрелите или пак за врвовите на пенкалата. Правото стебло исто така укажува на движење нанапред. За верата се кажува дека е „жива", само кога продолжува да напредува. Оние кои што се подобруваат и се развиваат себеси, секој ден ќе растат во нивната вера и ќе продолжат да напредуваат кон небесата.

Бог ги избира оние добри садови кои што напредуваат кон небесата, ги прочистува и ги прави совршени, па така да тие луѓе бидат во можност да влезат во Новиот Ерусалим. Затоа би требало да напредуваме кон небесата онака како што листовите никнуваат од крајот на правото стебло.

Петтата карактеристика на трските е таа што нивната појава е многу нежна и убава, така да многу од поетите ги користат цветовите на трската за да го опишат мирното опкружување во природата, а и нивните лисја се многу грациозни и елегантни. Како што е кажано во 2 Коринтјаните 2:15, *„Бидејќи ние сме Христовиот мирис пред Бога помеѓу оние кои што се спасени и помеѓу оние кои што загинуваат"* оние кои што стојат на карпата на верата и го оддаваат миристот на Христа. Оние луѓе кои што ги имаат ваквите срца, имаат милни и утешувачки лица и преку нив луѓето можат да ги искусат небесата. Затоа за да влеземе во Новиот Ерусалим, ние мораме да го оддаваме убавиот Христов мирис кој што наликува на нежните цветови и елегантните листови на трските.

Шестата карактеристика на трските е таа што лисјата на трските се тенки а краевите им се доволно остри за да ја засечат кожата при малото закачување на нив. На истиот начин, оние кои што ја имаат верата не смеат да прават компромиси со гревовите, туку да бидат налик на сечивата во отфрлањето на злото.

Даниил бил министер во големата Персија и бил сакан од

кралот, но поради злите луѓе кои што му завидувале, морал да се соочи со судење во кое што бил осуден да биде фрлен во една јама полна со лавови. Сепак тој воопшто не сакал да направи компромис и го држел постот според верата. Како резултат на тоа, Бог го испратил Неговиот ангел да ги затвори устите на лавовите и му дозволил на Даниила пред кралот и сиот народ, силно да го прославува Бога.

На Бога му е мила верата која што ја имал Даниил, верата што не прави компромис со светот. Тој ги заштитува луѓето кои што ја имаат таквата вера, од сите видови на тешкотии и искушенија, а на крајот им допушта да го прославуваат Него. Исто така, Тој ги благословува и ги прави *„главата, а не опашката"* каде и да одат (Повторени закони 28:1-14).

Како што ни кажуваат Соломоновите изреки 8:13, *„Да се плашите од ГОСПОДА, значи да ја мразите неправдата"*, доколку го имате злото во вашето срце, ќе треба да го отфрлите преку постојаните молитви и постење. Само кога нема да правите компромис со гревовите, туку ќе го мразите злото, само тогаш ќе можете да бидете осветени и да се стекнете со квалификациите за да влезете во Новиот Ерусалим.

Значи ја согледавме причината зошто Бог го мери Градот Нов Ерусалим со златните трски, така што ги разгледавме шестте карактеристики на трските. Користењето на златната трска, ни овозможува да дознаеме дека Бог со точност ни ја мери нашата вера и не наградува во согласност со она што сме го направиле во овој живот и секогаш ги исполнува Неговите ветувања.

2. Новиот Ерусалим Во Форма На Коцка

Бог оставил специфичен запис за големината и форматата на Новиот Ерусалим, во Библијата. Откровението 21:16 ни кажува дека Градот има форма на коцка со илјада и петстотини милји (12,000 стадии или 2,400 км) во должина, ширина и височина. Слушајќи го ова, некој може да се запраша, 'Нема ли да се чувствуваме како да сме затворени внатре?' Сепак Бог го направил внатрешното уредување на Новиот Ерусалим навистина удобно и пријатно. Исто така не може да се гледа во Градот Нов Ерусалим од надвор, туку луѓето од внатрешната страна на ѕидовите може да гледаат кон надвор. Со други зборови, нема причина да се чувствувате неудобно или затворено од внатрешната страна на ѕидовите.

Ист Во Широчина, Должина И Височина

Која тогаш била причината што Бог го направил Новиот Ерусалим во форма на коцка? Истата должина и широчина ги претставуваат поредокот, точноста, праведноста и вистинољубивоста на Градот Нов Ерусалим. Бог ги контролира сите нешта со цел безбројните ѕвезди, месечината, сонцето, сончевиот систем и остатокот од универзумот да се движат прецизно и точно без никаков пропуст. Слично на ова, Бог го направил Градот Нов Ерусалим во облик на коцка, за да покаже дека Тој ги контролира сите нешта и исто ја контролира и историјата на поредокот и исполнува сé со прецизност.

Новиот Ерусалим ја има еднаквата широчина и должина, и дванаесетте порти и дванаесетте темели, по три од секоја страна. Ова симболично покажува дека без оглед каде и да живее некој човек на оваа земја, правилата ќе бидат применети чесно за оние кои што ги имаат квалификациите за да влезат во Новиот Ерусалим. Имено луѓето кои што се квалификувани преку мерењето со златната трска, ќе влезат во Новиот Ерусалим без оглед на нивниот пол, возраст или раса.

Сето тоа е така бидејќи Бог, со Неговиот неменлив и правилен карактер, праведно суди и точно ги мери квалификациите за влегувањето во Новиот Ерусалим. Понатаму коцката ги претставува северот, југот, истокот и западот. Бог го направил Новиот Ерусалим и ги повикува сите Негови совршени чеда кои што се спасени преку верата, од сите народи и од сите четири страни.

Откровение 21:16 пишува, *„Градот е четириаголен, а должината му е колку што му е и широчината. Тој го измери градот со трската и најде дека изнесува илјада и петстотини милји во должина, широчина и височина."* 'Илјада и петстотини милји' се претвора во 'Дванаесет илјади (12,000) стадии' со Грчката мерка за мерење на далечина, која што е повторно претворена во приближно 2,400 километри. Така да Новиот Ерусалим кој што е во форма на коцка, изнесува 2,400 км во широчина, должина и височина.

Исто така во Откровението 21:17 пишува, *„Потоа ги*

измери ѕидовите негови, кои што беа седумдесет и две јарди, според мерката човечка, која што е и ангелска."

Ѕидовите на Градот Нов Ерусалим се дебели седумдесет и две јарди. 'Седумдесет и две јарди' се претвора во околу '144 лакти' или 65 метри, или 213 стапки. Исто како што Градот Нов Ерусалим е огромен, така и неговите ѕидови се исто така неспоредливо дебели.

Глава 4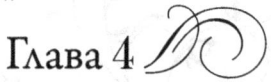

Направен Од Чисто Злато И Разнобојни Скапоцености

1. Украсен Со Чисто Злато И Секакви Скапоцености

2. Ѕидовите На Новиот Ерусалим Направени Од Јаспис

3. Направен Од Чисто Злато Како Чисто Стакло

„*Ѕидовите* му беа изградени од јаспис,
а градот од чисто злато, како чисто
стакло."

- Откровение 21:18 -

Да претпоставиме дека го имате сето богатство и авторитет за да изградите куќа во која што вие и вашите сакани вечно ќе живеете. Како би сакале да ја дизајнирате? Каков вид на материјали би користеле? Без оглед на трошоците, потребното време и работната сила што би биле потребни за да таа се изгради, вие најверојатно би сакале да ја изградите на најубавиот и најсовршениот можен начин.

Со истото значење, не би сакал ли нашиот Отец да го изгради и да го украси Новиот Ерусалим на еден прекрасен начин, со употребата на најдобрите небесни материјали, за да може засекогаш да живее таму заедно со Неговите сакани чеда? Уште повеќе што секој материјал употребен во Новиот Ерусалим го има различното значење, за да не потсети на времињата што сме ги издржале со верата и љубовта тука на оваа земја, и затоа сето што е таму е извонредно.

Потполно е природно да луѓето што од длабочината на нивните срца копнеат за Новиот Ерусалим, да сакаат да знаат повеќе за Новиот Ерусалим.

Бог ги познава срцата на овие луѓе, па затоа во Библијата во детали им ги дава различните информации за Новиот Ерусалим, вклучувајќи ја тука и неговата големина, форма, па дури и дебелината на неговите ѕидови.

Од што тогаш е направен Градот Нов Ерусалим?

1. Украсен Со Чисто Злато И Секакви Скапоцености

Новиот Ерусалим, кој што Бог го има подготвено за Неговите чеда, е направен од чисто злато што никогаш не се менува и украсен е со разни скапоцености. На небесата не постои материјал кој што е налик на почвата од оваа земја, што би се менувал со минувањето на времето. Патиштата во Новиот Ерусалим се направени од чисто злато, а темелите се направени од скапоцени камења. Ако песокот на брегот на реката со водата на животот е златен и сребрен, колку ли повеличествени би биле материјалите за другите градби?

Новиот Ерусалим: Божјото Ремек Дело

Светски познатите градби, познати по нивниот сјај, вредност, елеганција и префинетост, се разликуваат една од друга, во зависност од материјалите што биле користени во нивната изградба. Мермерот, на пример, е многу посјаен, поелегантен и поубав од песокот, дрвото или од цементот.

Можете ли да замислите колку убаво и прекрасно би изгледала зградата доколку ја изградите со злато и скапоцености? Така да колку ли убави и извонредни би биле зградите на небесата, што се направени од најубавите можни материјали!

Златото и скапоцените камења на небесата, кои што се направени со силата Божја, се многу поразлични во нивниот квалитет, бојата и рафинираноста од оние кои што се наоѓаат на оваа земја. Нивната чистота и прекреасната светлина што сјае, не можат соодветно да се опишат со зборови.

Дури и на оваа земја, многу видови на садови можат да бидат направни од една иста глина. Тие можат да бидат на пример, скапоцен порцелан или пак евтини глинени садови, сé во зависност од видот на глината и од нивото на вештината на грнчарот. Бог го градел Новиот Ерусалим во текот на илјадници години, Неговото ремек дело, што е исполнето со величествената, скапоцената и совршената слава на Градскиот Архитект.

Чистото Злато Ја Претставува Верата И Вечниот Живот

Чистото злато кое што е со сто процентна чистота, го претставува златото без никаквите примеси и е единственото нешто кое што никогаш не се менува, тука на оваа земја. Поради оваа особеност, многу земји го користат како стандард за нивните валути и за конверзија на валутите, а се користи и за украсувањето во индустриски цели, исто така. Голем број на луѓе го сакаат и го бараат чистото злато.

Причината поради која Бог ни го дал златото тука на оваа земја била таа, да ни овозможи да сватиме дека постојат некои нешта што никогаш не се менуваат и дека постои вечниот свет. Нештата на оваа земја стареат и се менуваат како што поминува времето. Доколку ние имавме околу нас само такви нешта, ќе ни беше многу тешко да сфатиме дека некаде постојат вечните небеса, со таквото наше ограничено знаење.

Преку ваквите вечни нешта како што е златото, Бог ни дозволува да сватиме дека постојат и некои вечни нешта кои што никогаш не се менуваат. Сето тоа е направено со намера да сватиме дека постојат нешта кои што се неменливи и да ја имаме надежта во вечните небеса. Чистото злато, исто така ја претставува и духовната вера која што никогаш не се менува. Затоа доколку сте мудри, постојано ќе се обидувате да ја стекнете верата што е налик на непроменливото чисто злато.

На небесата постојат многу нешта кои што се направени од чистото злато. Замислете си колку би биле исполнети со благодарност со самото погледнување на небесата кои што се направен од чисто злато, што ние го сметаме за највредното нешто, тука на оваа земја!

Безумните луѓе го обожуваат златото и на него гледаат само како на средство за зголемување или прикажување на нивното богатство. Според тоа тие остануваат настрана од Бога, не го љубат Него и на крајот ќе паднат во огненото или сулфурното езеро во пеколот, и вечно ќе се каат кажувајќи, „Не би страдал волку многу во пеколот само доколку ја сметав верата за онолку скапоцена, колку што го сметав златото за скапоцено."

Затоа се надевам дека ќе бидете мудри и ќе се стекнете со небесата, обидувајќи се да се здобиете со непроменливата вера а не со златото од овој свет што вие ќе морате да го оставите штом еднаш ќе ви заврши животот на оваа земја.

Скапоцените Камења Ја Претставуваат Славата И Љубовта Божја

Скапоцените камења се цврсти и го имаат високиот

индекс на прекршувањето на светлината. Тие имаат и оддаваат прекрасни бои и светлина. Бидејќи не се прават во голем број, тие се сакани од многу луѓе и се сметаат за скапоцени. На небесата Бог ќе ги облече сите оние што ги поседуваат небесата со верата, во фини ткаенини и ќе ги украси со многу скапоцени камења, за да им ја изрази Неговата љубов.

Луѓето ги сакаат скапоцените камења и се обидуваат да изгледаат поубаво украсувајќи се со различните скапоцености. Колку ли извонредно ќе се чувствувате, кога Бог ќе ви ги даде многуте совршени скапоцености на небесата?

Некој можеби ќе запраша, „Зошто ни се потребни скапоцени камења на небесата?" Скапоцените камења на небесата ја претставуваат славата Божја, а количеството на скапоценостите со кои што некој е награден, ја претставува големината на љубовта Божја за таа личност.

Постојат безброј видови и безброј бои на скапоцени камења на небесата. За дванаесетте темели на Новиот Ерусалим употребени се сафирот со проѕирната темно сина боја; смарагдот со проѕирната зелена; рубинот со темно црвената и хрисолитот со проѕирната жолто-зелена. Вирилот е со сино зеленета боја која што не потсетува на чистата морска вода, а топазот пак има благо портокалова боја. Хрисопрасот е со полупроѕирната темно зелена боја, а аметистот ја има светло виолетовата или темно пурпурната боја.

Постојат и безброј други скапоцени камења кои што имаат и оддаваат прекрасни бои, како што е јасписот, халкидонот, сардониксот и хијацинтот. Сите овие скапоцени камења имаат различни имиња и различно значење, исто како и скапоцените камења тука на оваа земја. Боите и имињата на секој скапоцен камен се искомбинирани за да ја покажат благородноста, гордоста, вредноста и славата на една личност.

Исто како што скапоцените камења кои што се наоѓаат на оваа земја, оддаваат различни бои и светлина гледани под различен агол, исто така скапоцените камења на небесата ја имаат различната светлина и бои, а скапоцените камења во Новиот Ерусалим особено сјаат и одразуваат двојна или тројна светлина.

Очигледно дека овие скапоцени камења се многу поубави и вон секоја споредба со оние кои што можат да се најдат на оваа земја, бидејќи Самиот Бог ги има исполирано, преку силата на создавањето. Токму затоа апостолот Јован кажал дека убавината на Новиот Ерусалим е како најскапоцениот камен.

Скапоцените камења во Новиот Ерусалим оддаваат многу повеќе прекрасна светлина отколку оние во другите места за живеење, бидејќи чедата Божји што влегуваат во Новиот Ерусалим, веќе го имаат во потполност исполнето Божјото срце и му ја одаваат славата на Бога. Затоа и внатрешноста и надворешноста на Новиот Ерусалим се украсени со многуте видови на прекрасните скапоцени камења со различни бои. Сепак овие скапоцени камења не му се даваат секому, туку се даваат како награда, во зависност од делата на верата на одредената личност.

2. Sидовите На Новиот Ерусалим Направени Од Јаспис

Откровението 21:18 ни кажува дека sидовите на Новиот Ерусалим се „направени од јаспис." Можете ли да замислите колку величествени би биле целите sидови на Новиот Ерусалим направени од јасписот?

Јасписот Ја Претставува Духовната Вера

Јасписот што се наоѓа на оваа земја е обично цврст и непроsирен камен. Неговите бои варираат од зелена, црвена, до жолто-зелена боја. Некои од неговите бои се измешани или пак некои од нив имаат некакви точки. Во зависност од бојата му се разликува и цврстината. Јасписот е релативно евтин и лесно се крши, но небесниот јаспис создаден од Бога, никогаш не се менува ниту се крши. Небесниот јаспис ја има сино-белата боја и е проsирен, па така да ви се чини дека гледате во површината на проsирната вода. Иако не може да се спореди со ништо на оваа земја, сличен е на брилијантните, синкави сончеви зраци што се одразуваат на океанските бранови.

Овој јаспис ја претставува духовната вера. Верата е најсуштинскиот и основниот елемент во водењето на Христијанскиот живот. Без верата вие ниту можете да го примите спасението ниту пак можете да му угодите на Бога. Понатаму, без таквата вера со која што ќе можете да му угодите на Бога, вие нема да можете да влезете во Новиот Ерусалим.

Затоа што Градот Нов Ерусалим е изграден преку верата, скапоцениот камен кој што може да ја изрази бојата на оваа вера е јасписот. Тоа е причината зошто ѕидовите на Новиот Ерусалим се изградени од јасписот.

Ако Библијата ни кажува „Ѕидовите на Новиот Ерусалим се направени со верата," дали луѓето ќе бидат во можност да го сватат тој израз? Се разбира тоа нема да може да биде разбрано според човечкото размислување и на луѓето би им било многу тешко дури и да се обидат да разберат колку убаво е украсен Новиот Ерусалим.

Ѕидовите направени од јаспис силно блескаат со светлината на славата Божја и се украсени со многу форми и дезени.

Градот Нов Ерусалим е ремек делото на Бога Создателот и е место за вечниот одмор на најдобрите плодови од 6,000-годишната човечка култивација. Колку ли величествен, прекрасен и брилијантен мора да е Градот?

Ние мора да сватиме дека Новииот Ерусалим е создаден преку најдобрата технологија и опрема чии што начини на функционирање ние не можеме ниту да ги сватиме.

Иако ѕидовите на градот се проѕирни, внатрешноста не е видлива од надвор. Сепак ова не значи дека луѓето во Градот ќе се чувствуваат како да се заробени помеѓу Градските ѕидови. Жителите на Новиот Ерусалим ќе можат да гледаат надвор од Градот низ ѕидовите и ќе им се чини како и да не постојат ѕидовите. Колку ли извонредно е сето тоа!

3. Направен Од Чисто Злато Како Чисто Стакло

Последниот дел од Откровението 21:18 кажува, „*Градот беше од чисто злато, како чисто стакло.*" Да ги разгледаме сега карактеристиките на златото за да можеме да си помогнеме себе си во замислувањето на Новиот Ерусалим и сваќањето на неговата убавина.

Чистото Злато Има Непроменлива Вредност

Златото не оксидира во воздухот или во водата. Тоа не се менува со текот на времето и не стапува во хемиски реакции со други супстанции. Златото секогаш ја задржува истата, прекрасна сјајност. Златото кое што е тука на оваа земја е премеко, па така да мораме да правиме смеса со други супстанции но во рајот златото не е толку меко. Исто така златото или другите скапоцености на небесата оддаваат различни бои и имаат поинаква цврстина отколку оние што може да се најдат на земјата, бидејќи тие ја добиваат светлината на славата Божја.

Дури и на оваа земја, елегантноста и вредноста на скапоцените камења се разликува според вештините и техниките на мајсторот. Колку скапоцени и прекрасни би биле скапоцените камења во Новиот Ерусалим бидејќи тие се допрени и обликувани од Самиот Бог?

На небесата не постои ниту алчност ниту желбата за убавите и вредни предмети. Тука на земјата луѓето ги сакаат скапоцените камења поради раскалашеноста и копнежот по слава, но на небесата тие духовно ќе ги сакаат скапоцените камења, бидејќи го знаат духовното значење на секој од нив и ќе ја разберат љубовта на Бога, кој што ги подготвил и ги украсил небесата со прекрасните скапоцени камења.

Бог Го Направил Новиот Ерусалим Од Чисто Злато

Зошто тогаш, Бог го направил Градот Нов Ерусалим со чисто злато што е чисто како стаклото? Како што е претходно објаснето, чистото злато духовно ја претставува верата, надежта што е родена од верата, богатството, честа и авторитетот. „Надежта родена од верата" значи дека вие можете да го примите спасението, да се надевате на Новиот Ерусалим, да ги отфрлите вашите гревови, да тежнеете да се осветите себеси и со надеж да ги исчекувате наградите, бидејќи ја имате верата.

Затоа Бог го направил овој Град од чисто злато, така да оние што со страстната надеж ќе влезат во него, засекогаш бидат исполнети со благодарноста и среќата.

Откровение 21:18 ни кажува дека Новиот Ерусалим е „како чистото стакло." Ова е кажано на тој начин за да ни прикаже колку е чиста и прекрасна појавата на Новиот Ерусалим. Златото во рајот е проѕирно и чисто како стаклото, спротивно на непроѕирното злато што се наоѓа тука на оваа земја.

Новиот Ерусалим е чист и убав и без никаква мана бидејќи е направен од чисто злато. Затоа апостолот Јован го гледа Градот како „чисто злато, како чистото стакло."

Обидете се да го замислите Градот Нов Ерусалим направен од чистото, најквалитетно злато и многуте видови на убави скапоцени камења во разни бои.

Откако го прифатив Господа, ги сметав златото и скапоцените камења како обични камења и никогаш немав желба да ги поседувам. Бев исполнет со надежта за небесата и не ги посакував нештата од овој свет. Сепак кога се молев да дознаам нешто за небесата, Господ ми кажа, „Сè што се наоѓа на небесата е направено од прекрасните скапоцени камења и од златото; и ти би требало да ги сакаш нив." Тој со тоа не мислеше да ми каже дека јас треба да почнам да собирам злато и скапоцени камења. Наместо тоа требаше да го сфатам провидението Божјо и духовното значење на скапоценостите, и да ги сакам на начинот на кој што Бог сметаше дека е соодветен.

Ве упатувам кон тоа да духовно ги засакате златото и скапоценостите. Кога ќе го видите златото, вие ќе можете да помислите, „Би требало да ја имам верата како чистото злато." Кога ќе ги видите и другите различни скапоцености, вие ќе можете да се надевате на небесата, кажувајќи си, „Колку ли прекрасна ќе биде мојата куќа на небесата?"

Се молам во името на Господа Исуса Христа да вие бидете во можност да ја поседувате небесната куќа направена од непроменливото злато и величествените скапоцени камења, на тој начин што ќе се стекнете со верата која што ќе биде како чистото злато и ќе напредувате кон небесата.

Глава 5

Значењето На Дванаесетте Темели

1. Јаспис: Духовна Вера

2. Сафир: Чесност И Интегритет

3. Халкидон: Невиност И Жртвена Љубов

4. Смарагд: Праведност И Чистота

5. Сардоникс: Духовна Верност

6. Сард: Страстна Љубов

7. Хрисолит: Милосрдие

8. Вирил: Трпеливост

9. Топаз: Духовна Добрина

10. Хрисопрас: Самоконтрола

11. Хијацинт: Чистота И Светост

12. Аметист: Убавина И Кроткост

„Темелите на градските ѕидови беа украсени со секакви видови на скапоцени камења: првиот камен темелник беше јасписот, вториот беше сафирот, третиот халкидонот, четвртиот смарагдот, петтиот сардониксот, шестиот сардот, седмиот хрисолитот, осмиот вирилот, деветтиот топазот, десетиот хрисопрасот, единаесеттиот хијацинтот, а дванаесеттиот аметистот."

- Откровение 21:19-20 -

Апостолот Јован во детали ги опишал дванаесетте темели. Зошто Јован направил толку темелен извештај за Новиот Ерусалим? Бог сакал Неговите чеда да се стекнат со вечниот живот и вистинската вера, така што ќе ги дознаат духовните значења на дванаесетте темели на Новиот Ерусалим.

Зошто тогаш Бог ги направил дванаесетте темели со дванаесетте скапоцени камења? Комбинацијата на дванаесетте скапоцени камења го претставува срцето на Исуса Христа и на Бога, врвот на љубовта. Затоа, доколку го сфатите духовното значење на секој од дванаесетте скапоцени камења, вие лесно ќе можете да одредите во колкав степен вашето срце наликува на срцето на Исуса Христа и колкави се вашите квалификации за да влезете во Новиот Ерусалим.

Ајде сега да ги разгледаме дванаесетте скапоцени камења и нивните духовни значења.

1. Јаспис: Духовна Вера

Јасписот, првиот темел на ѕидовите на Новиот Ерусалим, ја претставува духовната вера. Верата обично може да биде поделена на „духовната вера" и на „телесната вера." Додека телесната вера е верата која што е исполнета само со знаење, духовната вера е верата која што е придружена со делата кои што потекнуваат од длабочината на срцето на поединецот. Она што Бог го сака не е телесната, туку духовната вера. Доколку ја немате духовната вера, вашата „вера" нема да биде придружена со делата и тогаш вие ниту ќе можете да му угодите на Бога, ниту ќе можете да влезете во Новиот Ерусалим.

Духовната Вера Е Основата На Христијанскиот Живот

„Духовната вера" се однесува на таквата вера со која што еден човек ќе може во потполност да верува во Словото Божјо, длабоко во неговото срце. Доколку ја имате ваквата вера проследена со дела, вие тогаш ќе се обидете да станете осветени и да поитате кон Новиот Ерусалим. Духовната вера е најважниот елемент во водењето на Христијанскиот живот. Без верата вие нема да можете да бидете спасени, да ги добиете одговорите на вашите молитви, ниту пак да се надевате на небесата.

Евреите 11:6 не потсетува, *„А без верата не е можно да Му се угоди на Бога; бидејќи оние кои што доаѓаат кај Бога, треба да веруваат дека Тој постои и дека ги наградува оние, кои што го Бараат."* Доколку ја имате вистинската вера, вие ќе верувате во Бога што ве наградува и ќе можете да бидете верни, да се борите против гревовите, да ги отфрлите и да чекорите по тесната патека. Вие тогаш би биле способни искрено да правите добро и да влезете во Новиот Ерусалим, следејќи го Светиот Дух.

Значи, верата е основата на Христијанскиот живот. Исто како што една зграда не може да биде безбедна без добриот темел, исто така и вие нема да можете да водите правилен Христијански живот без цврстата вера. Затоа Јуда 1:20-

21 не повикува, „*А вие, возљубени, изградувајќи се во пресветата ваша вера и молејќи се преку Светиот Дух, запазете се во љубовта Божја, очекувајќи ја милоста од нашиот Господ, Исус Христос, за вечниот живот.*"

Авраам, Таткото На Верата

Најдобрата библиска личност која што непроменливо верува во Словото Божјо и која што во потполност ги покажува делата на покорноста е Авраам. Тој бил наречен 'Таткото на Верата' бидејќи постојано и непроменливо ги покажувал совршените дела на вера.

Тој го примил словото на големиот благослов од Бога, кога имал 75 години. Словото било ветувањето дека Бог ќе направи еден голем народ низ Авраама и дека Авраам ќе биде изворот на благословите. Тој поверувал во ова слово и затоа го напуштил својот роден град, но во текот на повеќе од 20 години, тој не можел да добие син кој што би станал негов наследник.

Поминало толку многу време што на крајот Авраам и неговата жена Сара, и двајцата станале престари за да добијат дете. Дури и во една ваква состојба, Римјаните 4:19-20 ни кажува, „*Тој не се поколеба и не падна во неверие.*" Тој израснал силен во верата и во потполност верувал во ветувањето дадено од Бога; па така да го добил неговиот син Исак, на 100-годишна возраст.

Но имало уште една прилика, каде што Авраамовата вера дури и појасно го покажала својот сјај. Тоа се случило кога Бог му заповедал на Авраама, да го понуди неговиот единствен син Исак, како жртва. Авраам не се посомневал во словото Божјо кое што кажувало дека Бог ќе му даде безброј потомци преку Исака. Бидејќи ја имал цврстата вера во Словото Божјо, тој помислил дека Бог ќе го оживее Исака, иако го понуди како жртва сепаленица.

Заради таа причина тој веднаш му се покорил на Словото Божјо. Преку ова дело, Авраам станал и повеќе од квалификуван за да стане Таткото на Верата. Исто така, преку потомците на Авраама се создал народот на Израелот. Тоа значи дека плодот на неговата вера ги дал изобилните телесни плодови исто така.

Бидејќи тој верувал во Бога и во Неговото Слово, тој му се покорил на него, така како што му било кажано. Ова е примерот за духовната вера.

Петар Ги Примил Клучевите На Кралството Небесно

Ајде да ја разгледаме ситуацијата на една таква личнст која што ја има таквата духовна вера. Каков вид на вера имал апостолот Петар за да неговото име биде испишано на еден од темелите на Новиот Ерусалим? Знаеме дека Петар го почитувал Исуса дури и пред да биде наречен Негов ученик; на пример, кога Исус му кажал да ги остави мрежите за ловење риби, тој веднаш му се повинувал (Лука 5:3-6). Исто така, кога Исус му кажал да ја донесе магарицата и нејзиното муле, тој со вера го послушал (Матеј 21:1-7). Петар се повинувал на заповедта кога Исус му кажал да оди на езерото, да лови риба и да ја продаде за пари (Матеј 17:27).

Уште повеќе, тој чекорел по водата исто како и Исус, иако тоа било само за момент. Од сето ова, ние можеме да ја добиеме претставата дека Петар во себе ја имал огромната вера.

Како резултат на сето ова, Исус ја сметал верата на Петра за праведна и му ги дал клучевите од кралството небесно, па така да што тој ќе сврзе на земјата, ќе биде сврзано и на небесата, а што ќе разврзе на земјата, ќе биде разврзано и на небесата (Матеј 16:19). Петар се здобил со посовршената вера откако го примил Светиот Дух, храбро сведочел за Исуса Христа и се посветил себеси на кралството Божјо во текот на остатокот од неговиот живот, сé додека не станал маченик.

Ние треба да напредуваме кон небесата како што напредувал и Петар, да го славиме Бога и да се стекнеме со Новиот Ерусалим, преку верата што ќе може да му угоди на Бога.

2. Сафир: Чесност И Интегритет

Сафирот, вториот темел на ѕидовите на Новиот Ерусалим, оддава проѕирна, темно сина боја. Што тогаш е духовното значење на сафирот? Тој ја претставува чесноста и интегритетот на самата вистина, што стои цврсто против било каквите искушенија или закани на овој свет. Сафирот е каменот што ја претставува светлината на вистината која што непременливо оди право и го претставува и „чесното срце" кое што точно се придржува кон сета волја Божја.

Даниил И Трите Негови Пријатели

Во Библијата можеме да најдеме добар пример за духовната чесност и интегритет кај Даниила и неговите тројца пријатели — Седрах, Мисах и Авденаго. Даниил не правел компромиси со ништо, што не било во склад со праведноста Божја, дури и ако тоа било заповед дадена од неговиот крал. Даниил го држел постот во својата праведност пред Бога сé додека не бил фрлен во јамата со лавовите. Бог бил толку задоволен со интегритетот на Данииловата вера, па го заштитил Даниила така што го испратил Неговиот ангел да им ги затвори устите на лавовите и му дозволил силно да го слави Бога.

Во Даниил 3:16-18 е запишано дека тројцата негови пријатели исто така, со нивните чесни срца, се придржувале кон верата, сé додека не биле фрлени во вжарената печка. За да не го сторат гревот на обожувањето на идолите, тие храбро посведочиле пред кралот, со следните зборови:

> *О кралу Навуходоносре, ние немаме потреба да ви дадеме одговор што се однесува на оваа работа. Нашиот Бог, Кому што му служиме, е доволно силен да нé спаси од вжарената печка, па и од твојата рака, О кралу, ќе не избави. Ако пак тоа и не се случи, нека ти биде јасно, О кралу, дека нема да им служиме на твоите богови а нема ниту да го обожуваме златниот идол што ти си го поставил.*

На крајот, иако тие биле ставени во печката која што била седум пати пожешка отколку обично, трите Даниилови пријатели не биле ниту малку изгорени, бидејќи Бог бил со нив. Колку зачудувачки мора да било што дури ни едно влакно од нивната глава не било изгорено ниту пак врз нив имало некаков мирис на изгорено! Кралот кој што бил сведок на сето ова, му ја оддал славата на Бога и ги унапредил трите Даниилови пријатели.

Ние Треба Да Бараме Во Вера, Без Никаков Сомнеж

Јаков 1:6-8 ни кажува колку многу Бог ги мрази срцата кои што не се чесни:

> *Но ние мораме да побараме во верата без никаков сомнеж, бидејќи оној кој што се сомнева е ист како и морскиот бран кого што ветрот го издига и растура. Таквиот човек нека не мисли дека ќе добие нешто од Господа, бидејќи е човек со сомнеж, непостојан во сите патишта свои.*

Доколку ги немаме чесните срца и дури и малку се сомневаме во Бога, ние сме луѓето што се двоумат. Оние кои што се двоумат, лесно се подложни да бидат потресени од искушенијата на овој свет, бидејќи се невнимателни и таинствени. Уште повеќе, оние кои што се „двоумат", не можат да ја видат славата на Бога, бидејќи тие се неспособни да ја демонстрираат нивната вера или да и се повинуваат. Токму затоа сме потсетени на следното во Јаков 1:7,

„таквиот човек нека не очекува да добие нешто од Господа."

Набрзо по основањето на мојата црква, трите мои ќерки за малку ќе умреа од јаглерод-моноксидно труење. Сепак, јас воопшто не се грижев ниту пак помислував да ги однесам во болницата, бидејќи потполно му верував на семоќниот Бог. Јас едноставно само отидов до олтарот и клекнав на колена за да се помолам со благодарност. После тоа се помолив со верата, „Ти заповедам во името на Исуса Христа! Отровен гасу, исчезни!" Тогаш моите ќерки, кои што беа онесвестени, една по една веднаш почнаа да стануваат, како што се помолував за секоја од нив. Бројните членови на црквата кои што го посведочија сето ова, беа многу изненадени и радосни, и силно го славеа Бога.

Доколку ја имаме верата што никогаш не прави компромиси со овој свет и ги имаме чесните срца што му се угодни на Бога, тогаш ние ќе можеме бескрајно да го славиме Него и да ги водиме благословените животи во Христа.

3. Халкидон: Невиност И Жртвена Љубов

Халкидонот, третиот темел на ѕидовите на Новиот Ерусалим, духовно ја симболизира невиноста и жртвената љубов.

Невиноста е состојбата на чистотата и нерасипаноста во делувањето и срцето кое што нема мани. Кога еден човек е способен да се жртвува себеси со оваа чистота на срцето, тоа го претставува срцето на духот кое што е содржано во халкидонот.

Жртвената љубов е таквиот вид на љубов што никогаш не бара ништо за возврат, доколку е за праведноста и за кралството Божјо. Ако некој ја има жртвената љубов, тој би бил задоволен само со фактот дека ги сака другите луѓе, во било какви ситуации и не би побарал ништо за возврат. Сето тоа е така бидејќи духовната љубов не ја бара личната корист туку само доброто за другите.

Сепак кај телесната љубов, еден човек би се почувствувал празен, тажен и со скршено срце, доколку љубовта не му е возвратена од страната на другите луѓе, бидејќи ваквиот вид на љубов е себична во суштина. Затоа е можно да оној кој што ја има телесната љубов, без жртвеното срце може дури да почне и да ги мрази другите луѓе или пак да им стане непријател на оние со кои што бил близок.

Затоа ние мораме да сфатиме дека вистинската љубов е љубовта на Господа, кој што го сакал сето човештво и станал откупителната жртва за простувањето на гревовите.

Жртвената Љубов Што Не Бара Ништо За Возврат

Нашиот Господ Исус, кој што во неговата суштина е Бог, се понизил Себеси и дошол на оваа земја во тело, за да го спаси сето човештво. Тој бил роден во штала и положен во јасли за да ги спаси луѓето кои што се како животните и целиот Негов живот водел сиромашен живот, за да не спаси од сиромаштијата. Исус ги излекувал болните, ги зајакнувал слабите, им давал надеж на безнадежните и се спријателувал со запоставените. Тој на нас луѓето ни ја покажал само добрината и љубовта, но поради тоа Тој бил исмеван, камшикуван и на крајот распнат, носејќи ја круната од трње на Неговата глава, од страната на злите луѓе кои што не можеле да сватат дека Тој дошол да биде нашиот Спасител.

Дури и додека страдал од болките од распнувањето, Исус во љубовта Му се молел на Бога Отецот, за оние кои што го исмевале и го распнувале. Тој бил безгрешен и чист, но сепак се жртвувал Себеси заради човечките суштества кои што се грешници. Нашиот Господ му ја дал оваа жртвена љубов на сето човештво и сакал секој со секого да се сака. Така да, ние кои што сме го примиле овој вид на љубов од Господа, не треба да бараме или пак да очекуваме нешто за возврат на таа љубов, доколку навистина ги љубиме другите.

Рут Ја Покажала Жртвената Љубов

Рут не била Израелска жена туку била Моавка. Таа се омажила за Ноеминиот син, кој што дошол во земјата Моавска за да се спаси од гладта која што владеела во Израел. Ноеми имала два сина, и двајцата се ожениле за жени Моавки. Но и двата нејзини сина умреле таму.

Во овие услови, кога Ноеми слушнала дека поминало времето на гладот во Израел, таа тогаш посакала да се врати назад во Израел. Ноеми им кажала на нејзините снаи дека тие би требало да останат во Моав, нивната татковина. Едната од нив прво се спротивставила на таа идеја, но подоцна се вратила кај нејзините родители. Но Рут инсистирала да ја придружува нејзината свекрва.

Доколку Рут ја немала жртвената љубов, таа не би го направила тоа. Рут морала да ја издржува нејзината свекрва бидејќи таа тогаш била многу стара. Понатаму таа одела да живее во една земја која што на неа и била потполно непозната. Немало никаква награда за неа, иако таа многу добро и служела на нејзината свекрва.

Рут ја покажала жртвената љубов кон нејзината свекрва, со која што таа дури немала никакво крвно сродство и која според тоа и била како потполн странец. Сето тоа се случувало бидејќи Рут исто така верувала во Бога, во кој што верувала и нејзината свекрва. Тоа значи дека жртвената љубов кај Рут не произлегувала само од нејзиното чувство на должност. Тоа била духовна љубов која што произлегувала од верата во Бога.

Рут дошла во Израел со нејзината свекрва и работела многу тешки работи. Во текот на денот таа ги пребарувала полињата за да пронајде нешто храна која што ќе и ја послужи на нејзината свекрва. Природно дека ваквото суштинско дело на добрина им станало добро познато на тамошните луѓе.

На крајот Рут ги примила многуте благослови преку Воз, кој што и бил роднината-откупувач од роднините на нејзината свекрва.

Многу луѓе мислат дека доколку се понизат и се жртвуваат себеси, нивната вредност ќе се намали исто така. Затоа тие не можат да се жртвуваат или да се понизат себеси. Но оние кои што се жртвуваат себеси без никакви себични причини, со чисто срце, ќе му бидат откриени на Бога и на луѓето. Добрината и љубовта ќе сјаат за другите луѓе како една духовна светлина. Бог ја поврзува светлината на оваа жртвена љубов со светлината на халкидонот, каменот на третиот темел.

4. Смарагд: Праведност И Чистота

Смарагдот, четвртиот темел на ѕидовите на Новиот Ерусалим, е зелен и ја симболизира убавината и нежното зеленило на природата. Смарагдот духовно ги симболизира праведноста и чистотата и го претставува плодот на светлината, како што е запишано во Ефесјаните 5:9 што кажува, *„Бидејќи плодот на Светлината се состои во секое добро, правда и вистина."* Бојата што ја има хармонијата на 'сета добрина и праведност и вистина' е иста како духовната светлина на смарагдот. Само кога ќе ја имаме сета добрина, праведност и вистина, ќе можеме да се здобиеме со вистинската праведност во очите на Бога.

Не може да постои само добрината без праведноста или пак само праведноста без добрината. И таа добрина и праведност мораат да бидат вистинити. Вистина е нешто кое што никогаш не се менува. Затоа дури и да ја имаме добрината и праведноста, сето тоа би било безначајно без вистинитоста.

„Праведноста" која што Бог ја препознава е отфрлањето

на греговите, полното придржување до заповедите што се наоѓаат во Библијата, прочистувањето на себеси од сите видови на неправични нешта, праведноста во текот на сиот свој живот и нешта слични на нив. Исто така тоа значи да се бара кралството Божјо и праведноста според волјата Божја, исправните и дисциплинирани дејствија, да не се застранува од правдата, да се брани цврсто тоа за што сте во право и сето останато што и припаѓа на „праведноста" признаена од Бога.

Без оглед колку кротки и добри да сме ние, нема да го носиме плодот на светлината доколку не сме праведни. Претпоставете си дека некој го грабнал вашиот татко за грло и го навредува, иако тој е невин. Доколку останете тивки и гледате како вашиот татко страда, вие тоа не можете да го наречете вистинска праведност; за вас тогаш не би можело да се каже дека ја извршувате вашата должност како син кон вашиот татко.

Затоа добрината без праведност не е духовната „добрина" во очите на Бога. Како може затскриен и неодлучен ум да биде добар? Спротивно на ова, ниту праведност без добрина може да биде „праведност" во очите на Бога, туку само според сопственото гледиште на поединецот.

Праведноста И Чистотата На Давид

Давид бил вториот крал на Израел, веднаш по Саула. Кога Саул бил цар, Израел се борел против Филистејците. Давид му угодил на Бога со својата вера и го поразил Голијата. Преку ова, Израел се здобил со победа.

Кога луѓето го засакале Давида откако сето тоа се случило,

Саул се обидел да го убие Давида, воден од својата љубомора. Саул веќе бил напуштен од Бога поради неговата арогантност и непочитување. Бог ветил дека Тој ќе го постави Давида за крал, на местото на Саул.

Во оваа ситуација, Давид се однесувал кон Саула со добрина, праведност и вистинитост. Иако бил невин, Давид морал да продолжи да бега од Саула кој што долго време се обидувал да го убие. Во една прилика Давид имал многу добра можност да го убие Саула. Војниците кои што биле со Давид биле пресреќни и сакале да го убијат Саула, но Давид ги спречил во тоа.

Во Првата Книга Кралства 24:7 се кажува, *„Така [Давид], им кажа на луѓето свои, 'Да не ми даде ГОСПОД да му го направам тоа на мојот господар, на помазаникот ГОСПОДОВ, да ја ставам мојата рака врз него, бидејќи тој е помазаникот ГОСПОДОВ.'"*
Иако Саул бил напуштен од Бога, Давид не можел да го повреди Саула, кој што од Бога бил помазан за крал. Бидејќи власта да се остави Саул да живее или да умре била кај Бога, Давид не сакал да ги надмине своите овластувања. Бог ни кажува дека Давидовото срце е праведно срце.

Неговата праведност била откриена заедно со трогнувачката добрина. Иако Саул се обидел да го убие, Давид му го поштедил неговиот живот. Тоа е навистина една голема добрина. Тој не вратил на злото со зло, туку возвратил со добри зборови и дела. Оваа добрина и праведност биле вистински, што значи дека произлегле од самата вистина.

Кога Саул дознал дека Давид му го поштедил животот, тој бил трогнат од таа добрина и се чинело дека дошло до промена во неговото срце. Но наскоро неговите мисли пак се смениле и тој повторно се обидел да го убие Давида. Уште еднаш Давид ја добил можноста да го убие Саула, но исто како и претходно, тој го оставил Саула да живее. Тука Давид ја покажал непроменливата добрина и праведност, што можат да бидат признаени од Бога.

Дали тогаш, доколку Давид го убиел Саула уште при првата можност, ќе можел побргу да стане крал, без да поминува низ толку големи страдања? Секако дека можел. Дури иако во реалноста мораме да поминеме низ многу повеќе страдања и тешкотии, ние би требало да го имаме таквото срце, што ќе ја избере праведноста Божја. Доколку еднаш веќе сме биле прифатени од Бога како праведни, нивото на Божјата гаранција за нас, ќе биде различно.

Давид не го убил Саула со неговата сопствена рака. Саул бил убиен од рацете на Незнабошците. И како што Бог му посведочил, Давид станал крал на Израел. Откако Давид станал крал, тој понатаму можел да изгради многу силен народ. Најосновното нешто во сето тоа е што Бог бил многу задоволен со Давидовото праведно и чисто срце.

Според истото значење, ние морама да бидеме хармонични и совршени во добрината, праведноста и вистината, за да можеме да го понесеме изобилниот плод на светлината—плодот на смарагдот, четвртиот темел и да го оддаваме мирисот на праведноста кој што му е угоден на Бога.

5. Сардоникс: Духовна Верност

Сардониксот, петтиот темел на ѕидовите на Новиот Ерусалим, духовно ја симболизира верноста. Доколку само го направиме она што треба да направиме, ние не можеме да кажеме дека сме верни. Ние ќе бидеме во можност да кажеме дека сме верни, само кога ќе направиме повеќе отколку што треба да направиме. За да успееме да направиме повеќе од она што ни е зададено како наша должност, ние не можеме да бидеме мрзливи. Ние мора да бидеме трудољубиви и вредни во сите нешта, при исполнувањето на нашите должности и потоа мора да направиме дури и повеќе од тоа.

Претпоставете си дека сте вработени некаде. Ако само добро си ја извршувате вашата работа, дали можете да кажете дека сте верни? Вие само сте го сработиле она што сте требале да го направите, па затоа не можеме да кажеме дека сте трудољубиви и верни. Вие би требало не само да си ја извршите работата што ви е доверена, туку со сето свое срце да се обидувате да направите нешто плус од тоа што првично ви било зададено. Само тогаш за вас ќе може да се каже дека сте верни.

Видот на трудољубивата верност која што е признаена од Бога, е да ја исполнувате вашате должност со сето ваше срце, ум, душа и живот. И ваквиот вид на верност би требало да ја актуелизирате во сите области: во црквата, на работното место и во семејството. Дури тогаш би можеле да кажеме дека вие сте верни во целиот Божји дом.

Да Се Биде Духовно Верен

За да ја имаме духовната верност, прво треба да го имаме праведното срце. Би требало да посакуваме кралството Божјо постојано да се зголемува, црквата да го има напредокот и растот, работното место да биде попросперитетно и нашите семејства да бидат среќни. Доколку ние не побаруваме само за себе, туку посакуваме и другите луѓе и целата заедницата да бидат попросперитетни, тоа тогаш значи дека го имаме праведното срце.

Да се биде верен, заедно со поседувањето на праведното срце, би требало да го имаме жртвеното срце. Доколку само помислуваме, „Најважното нешто за мене е мојот просперитет, а не дали нашата црква расте или не," тогаш најверојатно не би можеле да се жртвуваме за црквата. Ние нема да можеме да најдеме верност кај таквиот вид на личности. Исто така Бог не би можел да каже дека ваквиот вид на срце е срцето што е праведно.

Како дополнение на оваа праведност, доколку го имаме и срцето кое што е подготвено за жртвување, ние тогаш би можеле верно би работиме за спасението на душите и за просперитетот на црквата. Дури и ако немаме некоја посебна должност, ние тогаш вредно би го проповедале евангелието. Иако никој нема тоа да го бара од нас, ние ќе се грижиме за другите души. Исто така би го жртвувале и нашето слободно време, за да се погрижиме за душите на другите луѓе. Би ги потрошиле дури и нашите сопствени пари за благодетта на другите души и би им ја дале сета наша љубов и верност.

За да бидеме верни во сите аспекти, ние исто така треба да ја имаме и добрината на срцето. Оние кои што се добри во срцето нема да се приближат само кон едната или другата страна. Доколку сме запоставиле некое одредено нешто, ние нема да се чувствуваме пријатно во врска со тоа, доколку ја имаме добрината во срцето.

Доколку ја имате добрината во срцето, вие тогаш би биле верни во сите должности што ги имате. Вие не би ја запоставиле другата група размислувајќи, „Бидејќи јас сум водачот на оваа група, членовите на другата група ќе разберат зошто не можам да присуствувам на тој состанок." Во рамките на вашата добрина, ќе можете да почувствувате дека не би требало да ја запоставите другата група. Па дури и да не можете да присуствувате на тој состанок, вие сепак би направиле нешто, со што би ја покажале грижата и за другата група исто така.

Магнитудата на ваквиот вид на однесување ќе биде различна во согласност со магнитудата на добрината што ја имате. Доколку во себе имате само малку добрина, вие нема особено многу да се грижите за другата група. Но доколку ја имате поголемата добрина, вие нема само да ги игнорирате нештата што ви предизикуваат немир во срцето. Вие знаете кој вид на дела се делата на добрината и ако не сте ја достигнале таа добрина, тогаш би било многу тешко за вас, да се носите со тоа. Вие би го имале мирот во срцето само тогаш, кога би делувале во добрината.

Оние луѓе кои што се добри во срцето, набргу би почувствувале еден одреден немир во срцето, доколку не успеат да го направат она што од нив се очекува, во било која дадена околност, дали на работното место или дома. Тие дури не ни даваат оправдувања, кажувајќи дека ситуацијата не им го дозволила тоа.

На пример, замислете си еден женски член кој што има многу титули во црквата. Таа тогаш би поминувала многу повеќе време во црквата. Со еден збор, би поминувала помалку време со нејзиниот сопруг и децата, отколку што го правела тоа претходно.

Доколку таа била навистина добра во срцето и верна во сите аспекти, тогаш како што количеството на време за домот и се намалувало, така таа би морала да им пружа повеќе љубов на нејзиниот сопруг и на децата и повеќе да се грижи за нив. Таа би морала да го даде својот максимум во сите аспекти и во сите видови на работа.

Тогаш луѓето околу неа би биле во можност да ја почувствуваат аромата на вистинитоста која што ќе излегува од нејзиното срце и би можеле да бидат задоволни. Бидејќи би ја почувствувале добрината и вистинската љубов, тие би се обиделе да ја разберат и да и помогнат. Како резултат на сето тоа, таа би била во мир со секого. Ова е значењето на тоа да се биде верен во целиот Божји дом, со добро срце.

Како Што Мојсеј Бил Верен Во Целиот Божји Дом

Мојсеј бил пророк кој што бил признаен од Бога до тој степен, што Бог зборувал со него лице в лице. Мојсеј во потполност ги извршувал сите негови должности, за да би можел да ги изврши сите нешта што Бог му ги заповедал, не обрнувајќи многу внимание на неговите сопствени тешкотии. Народот на Израил продолжувал со жалбите и непокорот кога се соочувале со дури и малите тешкотии, дури и откако ги посведочиле и ги доживеале чудата и знаците Божји, но Мојсеј постојано ги водел во верата и љубовта. Дури и кога Бог бил налутен кон народот Израелски поради нивните гревови, Мојсеј не се издвоил од нив. Тој се вратил кај ГОСПОДА и го рекол следното:

За жал, овие луѓе направија голем грев и си направија бог од злато за себе. Сега, ако сакаш, прости им го гревот нивни, а ако не, те молам избриши ме од Твојата книга која што Ти си ја напишал! (Исход 32:31-32)

Тој постел во име на народот, ризикувајќи го својот сопствен живот и бил верен дури и повеќе отколку што Бог очекувал од него да биде. Затоа Бог го признал и го потврдил Мојсеја, кажувајќи, *„Тој е верен на целиот Мој дом"* (Броеви 12:7).

Понатаму, верноста што сардониксот ја симболизира значи да се биде верен дури и до точката на смртта, како што е и запишано во Откровението 2:10. Тоа е можно само доколку го љубиме Бога на прво место. Тоа би значело да се даде сето наше време и пари, па дури и животот и да направиме повеќе отколку што би требало да направиме, со сето наше срце и ум.

Во старо време постоеле некои верни слуги кои што му помагале на кралот и му биле верни на својот народ, дури и до точката на жртвувањето на сопствените животи. Ако кралот бил тиранин, неговите верни слуги би го посоветувале кралот да оди по вистинскиот пат, дури и ако ова лесно можело да резултира со губењето на нивните животи. Тие можеле да бидат испратени во прогонстово или пак да бидат убиени, но сепак биле верни бидејќи го сакале кралот и народот, дури и да таа љубов би значела жртвување на нивните животи.

Ние мораме да ја ставиме љубовта кон Бога на прво место, да направиме повеќе од тоа што од нас се бара да направиме, на начинот на кој што верните слуги ги давале своите животи за народот и на начинот на кој што Мојсеј му бил верен на целиот Божји дом, за да можеме да го достигнеме кралството Божјо и праведноста. Затоа треба бргу да се осветиме себеси и да бидеме верни во сите аспекти од нашите животи, за да се здобиеме со квалификациите да влеземе во Новиот Ерусалим.

6. Сард: Страстна Љубов

Сардот ја има проѕирната, темно црвена боја и го симболизира огненото сонце. Тој го претставува шестиот темел на ѕидовите на Новиот Ерусалим и духовно ја симболизира страста, ентузијазмот и страстната љубов во достигнувањето на кралството Божјо и на праведноста. Тој го претставува срцето кое што со сета сила, верно ги извршува зададените задачи и должности.

Различните Нивоа На Страсната Љубов

Постојат многу нивоа на љубовта и генерално, таа може да биде поделена на духовната љубов и на телесната љубов. Духовната љубов никогаш не се менува бидејќи е дадена од Бога, но телесната љубов лесно се менува воглавно бидејќи таа е себична.

Без разлика колку вистинита љубовта на световните луѓе може да биде, таа никогаш не може да биде духовна љубов, која што е љубовта на Господа, која единствено може да биде здобиена во вистината. Ние нема да можеме веднаш да се здобиеме со духовната љубов, штом го прифатиме Господа и ја спознаеме вистината. Би можеле да се стекнеме со неа, само откако ќе го добиеме срцето слично на срцето на Господа.

Дали вие ја имате ваквата духовна љубов? Би можеле да се проверите себеси преку дефиницијата за духовната љубов, што се наоѓа во 1 Коринтјаните 13:4-7.

> *Љубовта е трпелива, полна со добрина и не завидува, љубовта не е фалбаџиска и не е арогантна, не прави што е непристојно, не го побарува своето, не се лути, не мисли зло, не и се радува на неправдата, а се радува на вистина, ги носи сите нешта, во сé верува, на сé се надева, сé претрпува.*

На пример, ако сме трпеливи но себични, или не се лутиме лесно но сме груби, сеуште ја немаме духовната љубов за која што пишувал Павле; не смее да ни недостасува ниту едно единствено нешто, за да можеме да ја имаме вистинска духовна љубов.

Од една страна, доколку сеуште го имате чувството на осаменоста или ништожноста, иако помислувате дека ја имате духовната љубов, сето тоа е така бидејќи вие сте очекувале да добиете нешто за возврат, без дури и да го сватите тоа. Вашето срце сеуште во потполност не е исполнето со вистината на духовната љубов.

Од друга страна, доколку сте исполнети со духовната љубов, вие никогаш не би можеле да се почувствувате осамени или празни, туку секогаш би ви било мило, би се чувствувале среќно и благодарно. Духовната љубов му се радува на давањето: колку повеќе давате, толку помило, поблагодарно и посреќно би се чувствувале.

Духовната Љубов Се Радува Во Давањето На Самата Себе

Римјани 5:8 ни кажува, *"Но Бог ја покажа Својата сопствена љубов кон нас, преку тоа што уште додека бевме грешници, Христос умре за нас."*

Бог толку многу го љуби Исуса, Неговиот еден и единствен Син, бидејќи Исус е самата вистина што потполно наликува на Самиот Бог. Тој сепак го дал Неговиот еден и единствен Син, како откупителна жртва. Колку ли е голема и скапоцена љубовта Божја!

Бог ја прикажал Неговата љубов за нас преку жртвувањето на Неговиот еден и единствен Син. Затоа е запишано во 1 Јован 4:16, *"И ние ја запознаваме и поверувавме во љубовта која што Бог ја има кон нас. Бог е љубовта а оној кој што пребива во љубовта, пребива во Бога и Бог пребива во него."*

За да влеземе во Новиот Ерусалим, ние ќе мораме да ја имаме љубовта Божја со која што ќе можеме да се жртвуваме себеси и која што ќе се радува во давањето, за да можеме да го дадеме доказот кој што ќе посведочи за нашиот живот во Бога.

Страстната Љубов За Душите На Апостолот Павле

Најбитната библиска личност која што го има ваквиот вид на страстно срце кое што наликува на сардот, во посветувањето на себеси на кралството Божјо, е апостолот Павле. Откако го сретнал Господа па сé до моментот на неговата смрт, неговите дела на љубењето на Господа никогаш не се измениле. Како апостол за Незнабошците, тој спасил многу души и основал многу цркви преку трите мисионерски патувања. Сé до моментот кога станал маченик во Рим, тој постојано сведочел за Исуса Христа.

Како апостол за Незнабошците, Павловото патување било многу тешко и ризично. Поминал низ многу животозагрозувачки ситуации и постојано бил прогонуван од страна на Евреите. Бил тепан и затворан и три пати бил бродоломник. Тој често не спиел, бил гладен, жеден и трпел студено и топло време. Во текот на неговите мисионерски патувања, секогаш имало многу ситуации кои што биле тешки да се поднесат.

Сепак Павле никогаш не зажалил за неговиот избор.

Нему никогаш не му се јавувале некои мисли како на пример, „Тешко ми е и би сакал барем малку да одморам..." Неговото срце никогаш не се премислувало и тој никогаш од ништо не се плашел. Иако поминувал низ толку многу неволји, примарната грижа за него секогаш била само црквата и верниците.

Исто како што тој посведочил во 2 Коринтјаните 11:28-29, *„Освен надворешните непријатности, тука е и секојдневниот притисок врз мене поради грижата за сите цркви. Кој е ослабен без и јас да ослабам? Кој е поведен кон гревот без мојата интензивна грижа?"*

Сé до неговата смрт, Павле ја покажувал страста и посветеноста кога се стремел кон спасението на душите. Колку била страстна неговата желба за спасението на душите, можеме да видиме во Римјаните 9:3, каде што пишува, *„Повеќе би сакал јас самиот да бидам проколнат, одвоен од Христа за доброто на браќата мои, моите роднини по тело."*

Тука, 'браќата мои' не се однесувло само на неговите крвни сродници. Тоа се однесувало на сите Израелци, вклучувајќи ги тука и Евреите кои што го прогонувале. Тој кажал дека дури е спремен да оди во пеколот само кога тие би можеле да го примат спасението. Според ова можеме да видиме колку била голема неговата страстна љубов за душите и колку било големо неговото настојување за нивното спасение.

Оваа страстна љубов за Господа, настојувањето и стремежот за спасението на другите души е прикажана преку црвената боја на сардот.

7. Хрисолит: Милосрдие

Хрисолитот, седмиот темел на ѕидовите на Новиот Ерусалим е проѕирен или полупроѕирен камен кој што оддава жолта, зелена, сина и розова боја или пак на моменти изгледа целосно проѕирен.

Што духовно симболизира хрисолитот? Духовното значење на милосрдието е да се свати во вистината некој кој што воопшто не може да биде сватен и да и се прости во вистината на некоја личност, на која што воопшто не може да и биде простено. Да се разбере и да се прости 'во вистината' значи да се разбере и да се прости со љубов во добрината. Милосрдието со кое што ние можеме да ги прегрнеме другите со љубов, е милосрдието кое што е симболизирано со хрисолитот.

Оние луѓе кои што го имаат ова милосрдие, во себе немаат никакви предрасуди. Тие не размислуваат, 'Не го сакам поради ова. Не ја сакам поради тоа.' Тие не мразат или пак не сакаат некого. Се разбира дека тие во себе немаат никакво непријателство.

Тие едноставно се обидуваат да гледаат и да размислуваат за нештата на еден убав начин. Тие едноставно секого го прегрнуваат Па дури и ако се соочат со личност која што извршила смртен грев, тие само би покажувале сочувство кон неа. Тие го мразат гревот но не и грешникот. Покажуваат разбирање и ја прегрнуваат таквата личност. Тоа е милосрдието.

Срцето На Милосрдието Разоткриено Преку Исуса И Стефана

Исус ја покажал Неговата милост кон Јуда Искариот кој што ќе го предаде. Исус знаел уште од почетокот дека Јуда Искариот ќе го предаде Него. Сепак Исус не го изгонил ниту пак се држел настрана од него. Во неговото срце Тој воопшто не го мразел исто така. Исус го сакал сè до самиот крај и му ја дал можност да се одврати од гревот. Ваквото срце го претставува милостивото срце.

Дури и кога Исус бил закован на крстот, Тој не се жалел против некого ниту пак мразел некого. Тој дури и се молел посредувајќи за оние кои што му ја нанесувале болката и повредите, како што е и запишано во Лука 23:34, каде што пишува, „*Оче, прости им бидејќи не знаат што прават!*"

Стефан исто така во себе го имал ваквиот вид на милосрдие. Иако Стефан не бил апостол, тој бил полн со милост и сила. Злите луѓе кои што му завидувале на крајот го каменувале до смрт. Но дури и кога бил каменуван, тој се молел за оние кои што го убивале. Запишано е во Делата на Светите Апостоли, „А штом падна на колена, извика со висок глас, 'Господи, не примај им го ова за грев!' Кога го изрече тоа, тој почина."

Фактот дека Стефан се молел за оние луѓе кои што го убивале, докажува дека тој веќе им простил. Тој во себе немал никаква омраза кон нив. Тоа ни покажува дека тој го имал совршениот плод на милосрдието, па така можел да има сочувство за тие луѓе.

Ако постои некој кого што го мразите или што не го сакате, од членовите на вашето семејство, од браќата во верата, од колегите на работа, или ако има некој за кого што вие помислувате, 'Не ми се допаѓа неговиот однос. Тој секогаш ми се спротивставува и јас не го сакам,' или пак ако едноставно некоја личност не ви се допаѓа и стоите понастрана од неа поради различни причини, колку ли е далеку тоа од 'милоста'?

Не би требало да има ниту една личност која што ќе ја мразиме или пак што нема да ни се допаѓа. Ние би требало да бидеме способни да разбереме, прифатиме и да покажеме добрина кон секого. Богот Отецот ни ја покажува убавината на милосрдието преку скапоцениот камен хрисолит.

Милостиво Срце Кое Што Прегрнува Сé

Која тогаш е разликата помеѓу љубовта и милоста? Духовната љубов значи саможртвување, без барањето на сопствените интереси и корист не бараајќи ништо за возврат, додека пак милосрдието обрнува повеќе внимание на проштевањето и толеранцијата. Со други зборови, милосрдието го претставува срцето кое што ги разбира и не ги мрази дури и оние луѓе кои што не можат да бидат разбрани или сакани. Милосрдието не мрази ниту презира некого, туку ги зајакнува и ги утешува другите луѓе. Ако го имате ваквото топло срце, вие не би ги покажувале пропустите и погрешките на другите луѓе, туку наместо тоа би ги прегрнале и прифатиле за да би можеле да имате добри односи со нив.

Како тогаш би требало да дејствуваме кон злите луѓе? Мора да се присетиме дека и ние порано бевме зли, но пристапивме кон Бога бидејќи некој друг не поведе кон вистината, во љубовта и проштевањето.

Исто така, кога доаѓаме во контакт со лажговци, ние често забораваме дека и ние исто така сме лажеле во потрагата по нашата лична корист, пред да поверуваме во Бога. Наместо да ги избегнуваме таквите луѓе ние би требало да им ја покажеме нашата милост, за да и тие би можеле да се одвратат од грешните патишта. Само кога ќе ги разбереме и ќе ги водиме со толеранција и љубов, тие ќе бидат во можност да се сменат, да ја согледаат и да влезат во вистината. Слично на тоа, милосрдието значи да се однесуваме исто кон секого, без никакви предрасуди, не навредувајќи никого и обидувајќи се сé да разбереме на еден добар начин, без оглед дали ние тоа го сакаме или не.

8. Вирил: Трпеливост

Вирилот, осмиот темел на ѕидовите на Новиот Ерусалим ја има сината или темно зеленета боја и не потсетува на синото море. Што вирилот духовно симболизира? Тој ја симболизира трпеливоста во сето она што води кон достигнувањето на кралството Божјо и Неговата праведност. Вирилот ја претставува постојаноста во љубовта, дури и кон оние кои што ве прогонуваат, ве колнат и ве мразат, а вие не ги мразите, не се карате, ниту пак се борите против нив.

Јаков 5:10 не упатува што треба да правиме преку стиховите: „*Браќа, како пример на страдањата и на трпеливоста, земете ги пророците, кои што зборувале во името Господово.*" Ако го имаме трпението ние би можеле да ги смениме другите луѓе.

Трпеливоста Како Плод На Светиот Дух И На Духовната Љубов

Ние можеме да прочитаме за трпеливоста како за еден од деветте плодови на Светиот Дух во Галатјаните 5, и како за плодот на љубовта во 1 Коринтјани 13. Постои ли разлика помеѓу трпеливоста како плод на Светиот Дух и на трпеливоста како плод на љубовта?

Од една страна, трпеливоста во љубовта се однесува на трпеливоста која што ни е потребна да ги издржиме различните видови на лични конфликти, како што е да се биде трпелив со оние луѓе кои што ве навредуваат или пак да бидете трпеливи во однос на многуте видови на тешкотии со кои што се среќавате во животот. Од друга страна, трпеливоста како плод на Светиот Дух, се однесува на трпеливоста во вистината и трпеливоста пред Бога во сé.

Затоа трпението како плод на Светиот Дух го има поширокото значење, вклучувајќи ја тука трпеливоста за личните нешта и за нештата кои што се однесуваат на кралството Божјо и на Неговата праведност.

Различните Видови На Трпеливост Во вистината

Трпеливоста да се достигне кралството и праведноста Божја, може да биде категоризирана во три вида.

Како прво, постои трпеливост помеѓу Бога и нас. Ние мораме да бидеме трпеливи додека да се исполни ветувањето Божјо. Богот Отецот е верен; штом еднаш нешто ќе каже, тогаш Тој сигурно ќе го направи тоа, без да го повлече својот збор. Затоа ако сме го добиле ветувањето од Бога, ние мораме да бидеме трпеливи додека тоа да се исполни.

Исто така, доколку сме го запрашале Бога нешто, ние мораме да бидеме трпеливи додека да стигне одговорот. Некои верници го кажуваат следново, „Се молам во текот на целата ноќ па дури и постам, а сепак не добивам одговор." Ова е нешто налик на земјоделецот кој што го посеал семето па наскоро пак почнал да ја прекопува почвата бидејќи веднаш не му никнале плодовите. Ако сме ги засадиле семињата, би требало да бидеме трпеливи додека тие не изртат, пораснат, процветаат со цветови, па потоа да го дадат плодот.

Земјоделецот го чисти коровот и ги штити растенијата од штетните инсекти. Тој работи доста напорно со многу пот, за да добие добар плод. На истиот начин, да го добиеме одговорот на тоа за што сме се молеле, постојат некои нешта кои што мораме да ги завршиме. Мораме да ја исполниме соодветната мерка, според мерката на седумте Духови—верата, радоста, молитвата, благодарноста, трудољубивоста, верноста, придржувањето до заповедите и љубовта.

Бог веднаш би ни одговорил само ако сме ги исполниле потребните количества во согласност на мерките на нашата вера. Тука мораме да разбереме дека времето на трпеливоста кон Бога е времето кое што е потребно за да го добиеме посовршениот одговор на нашите прашања и да ни се дозволи уште повеќе да се радуваме и да благодариме за тоа.

Како второ, постои трпеливост помеѓу луѓето. Трпеливоста на духовната љубов и припаѓа на трпеливоста од овој вид. За да ја сакаме било која личност во сите видови на човечки односи, нам ни е потребна трпеливост.

Потребна ни е трпеливост да поверуваме во секоја личност, да издржуваме со него и да се надеваме дека таа ќе напредува. Дури и ако направи нешто што е во спротивност со она што од неа сме го очекувале, мораме да бидеме трпеливи во сите нешта. Ние мора да покажеме разбирање, да прифаќаме, проштеваме, да успориме и да бидеме трпеливи.

Оние личности кои што се обидувале да евангелизираат голем број на луѓе, веројатно ги доживеале одредените искуства кога биле проколнувани и прогонувани. Но доколку ја имаат трпеливоста во срцето, тие повторно би ги посетувале овие души, со насмевка на нивните лица. Со љубовта да ги спасат овие души, тие се радуваат и благодарат и никогаш не се откажуваат. Кога тие ќе го покажат овој вид на трпеливост со добрината и љубовта за личноста што се евангелизира, тогаш темнината ќе замине од таа личност поради светлината што ќе ја почувствува, па тогаш таа ќе може да го отвори своето срце, да го прифати и да го прими спасението.

Како трето, постои трпението да се смени срцето.

Да се смени нашето срце значи да се извлечат невистините и злото од нашето срце и наместо нив таму да се засади вистината и добрината. Смената на нашето срце е слична како чистењето на полето. Ние мораме да ги отстраниме карпите и да го откорнеме плевелот. Понекогаш мораме и да ја изораме земјата. Тогаш таа земја може да стане добро поле и што и да посадиме тука, ќе порасне и ќе даде добар плод.

Истиот случај е и со срцата на луѓето. До оној степен до кој што ќе го најдеме и ќе го отфрлиме злото од нашите срца, до тој степен ќе ги имаме добрите полиња во срцето. Кога словото Божјо ќе биде засадено, тоа ќе може да изникне, да порасне и да даде плод. Исто како што мораме да се испотиме и напорно да работиме за да го исчистиме земјиштето, ние мораме истото да го направиме и кога ќе го менуваме нашето срце. Ние ќе мораме ревносно да извикуваме во молитвата со сета наша сила и со сето наше срце. Дури тогаш ќе можеме да ја примиме силата на Светиот Дух за да го изораме телесното срце кое што е налик на јаловата земја.

Овој процес не е така лесен како што некој може да помисли. Затоа може да се случи да некои луѓе се почувствуваат преоптоварени, да се обесхрабрат или пак да паднат во очајание. Затоа ни е потребна трпеливоста. Иако ни се чини дека многу бавно се менуваме, ние никогаш не би требало да се разочараме или да се откажеме.

Би требало да се присетиме на љубовта на Господа, кој

што умрел на крстот за нас, да ја примиме новата сила и да продолжиме со култивирањето на полето во срцето. Исто така, би требало да ги бараме љубовта и благословите на Бога, кои што ќе ни ги даде, кога во потполност ќе го култивираме нашето срце. Исто така би требало да продолжиме со работата, со поголема благодарност.

Ако го немаме злото во нас, зборот „трпеливост" нема да ни биде потребен. Со истото значење, кога би ја имале само љубовта, простувањето и разбирањето, не би имало простор за „трпеливоста." Затоа Бог сака ние да ја имаме таквата трпеливост во која што зборот „трпеливост" нема да ни биде неопходен. Всушност, Бог кој што Самиот е добрина и љубов, нема потреба да биде трпелив. Сепак Тој ни кажува дека е „трпелив" со нас, за да ни помогне да го разбереме концептот на „трпеливоста." Ние мораме да разбереме дека, колку што повеќе атрибути имаме за да бидеме трпеливи под некои одредени околности, толку повеќе зло, од гледна точка на Бога, имаме во нашите сопствени срца.

Ако не постои ништо за што би требало да бидеме трпеливи, по постигнувањето на совршениот плод на трпеливоста, тогаш ние засекогаш ќе бидеме среќни, ќе ги слушаме само добрите вести и ќе се чувствуваме толку лесни во нашите срца, како да чекориме по облаците.

9. Топаз: Духовна Добрина

Топазот, деветтиот темел на ѕидовите на Новиот Ерусалим

е камен со проѕирна, измешана, црвеникаво портокалова боја. Топазот го симболизира духовното срце со духовната добрина. Добрината го претставува квалитетот да се биде љубезен, да се помага и да се биде чесен. Но духовното значење на добрината е уште подлабоко.

Постои добрината и помеѓу деветте плода на Светиот Дух исто така и таа го има истото значење со добрината на топазот. Духовното значење на добрината е да се бара добрината во рамките на Светиот Дух.

Секоја личност има свој стандард по кој пресудува помеѓу правилното и погрешното или помеѓу доброто и злото. Тој стандард е наречен „совест." Концептот на совеста се разликува во различните времиња, земји и луѓе.

Стандардот да се измери магнитудата на духовната добрина е само еден: Словото Божјо кое што е вистината. Затоа, да се бара добрина од наше гледиште, не е духовна добрина. Да се бара добрината по Божјото гледиште е духовната добрина.

Матеј 12:35 кажува, *„Добриот човек го изнесува доброто од доброто богатство негово."* Слично на тоа, оние кои што ја имаат духовната добрина во нив, природно ќе ја изнесуваат таа добрина. Каде и да одат и кого и да сретнат, добрите зборови и добрите дела ќе излегуваат од нив.

Исто како што оние кои што прскаат парфем ја имаат пријатната арома, исто така и аромата на добрината ќе излезе од оние кои што ја имаат добрината. Имено, тие ја оддаваат аромата на добрината на Христа. Затоа самото барање на добрината во срцето, не може да се нарече добрина. Доколку го имаме срцето што ја бара добрината, тогаш ние природно ќе ја оддаваме аромата на Христа, преку добрите зборови и дела. На овој начин, ние би требало да ја покажеме моралната доблест и љубов кон луѓето околу нас. Тоа е добрината во вистинската, духовна смисла.

Стандардот По Кој Се Мери Духовната Добрина

Бог Самиот е добар, а добрината може да се сретне насекаде низ Библијата, Словото Божјо. Постојат некои стихови во Библијата кои што оддаваат повеќе бои од боите на топазот, именно од боите на духовната добрина.

Како прво, тоа може да се најде во Филипјаните 2:1-4, каде што пишува, *„Затоа, ако има некое охрабрување во Христа, ако има некоја утеха во љубовта, ако има било какво општење со Духот, ако има некоја наклонетост и сочувство, исполнете ја радоста моја, бидете со еден ист ум, одржувајќи една иста љубов, соединети во духот, намерата кон една цел. Не правете ништо водено од себичност или од празна суета, туку со понизност во умот сметајте се еден друг, за поважни од себе си! Не грижете се секој само за својот личен интерес, туку и за интересите и на другите."*

Дури и ако нешто не ни изгледа правилно според нашите мисли и нашиот карактер, доколку ја бараме добрината во Господа, ние тогаш би се приклониле кон другите луѓе и би се согласиле со нивните мислења. Ние тогаш за ништо нема да се расправаме. Не би ја имале желбата да се разметнуваме, ниту пак да бидеме воздигнати над другите. Само преку понизното срце, ние би биле во можност, од длабочината на нашето срце, да ги сметаме другите за подобри од нас. Би си ја извршувале нашата работа на еден многу верен и одговорен начин. Дури и би биле во можност да им помогнеме на другите во нивната работа.

Преку параболата за добриот Самарјанин, која што се наоѓа во Лука 10:25-37, ние лесно можеме да видиме каков вид на личност ја има добрината во своето срце:

Еден човек кој што слегуваше од Ерусалим во Ерихон, сретна разбојници, кои што го соблекоа и го натепаа, па си отидоа, оставајќи го полумртов. Во тоа време слегуваше по тој пат еден свештеник и кога го виде, си замина на другата страна од патот. Исто така и еден Левит, кога дојде на тоа место, се приближи, го погледна и и тој отиде на другата страна од патот. Но еден Самарјанин пак, кој што беше на пат, кога дојде до него, го виде и се сожали. И кога се приближи, му ги преврза раните, поливајќи ги со елеј и со вино; па, откако го качи на добитокот свој, го однесе во гостилница и се погрижи за него. А утредента, на кинисување, извади два динарија, му ги даде на гостилничарот и му рече, „Припази го; а ако потроши нешто повеќе, кога ќе се вратам ќе ти платам." Кој од тие тројца ви се чини дека му беше сосед на оној кој што паднал во рацете на разбојниците? (Лука 10:30-36)

Помеѓу свештеникот, Левитот и Самарјанинот, кој тогаш е вистински сосед и личност со љубов? Самарјанинот можел да биде вистинскиот сосед на човекот кој што бил ограбен, бидејќи тој ја имал добрината во неговото срце да го избере вистинскиот пат, иако бил сметан за незнабожник.

Овој Самарјанин можеби не го познавал словото Божјо како знаење, но можеме да видиме дека тој го имал срцето што ја следело добрината. Тоа значи дека ја имал духовната добрина што ја следела добрината од гледиштето на Бога. Дури и ако мораме да потрошиме од нашето сопствено време и пари, мораме да ја избереме добрината од гледиштето на Бога. Тоа е духовната добрина.

Исусовата Добрина

Друг стих од Библијата кој што јасно ни ја оддава светлината на добрината, се наоѓа во Матеј 12:19-20. Тој се однесува на добрината на Исуса. Во него се кажува:

Нема да се кара, ниту ќе вика, и никој нема да го чуе гласот Негов по улиците. Трските прекршени нема да ги докрши, ниту запалените светила да ги угасне, додека Тој не ја поведе правдата кон победата.

Фразата „додека Тој не ја поведе правдата кон победата"

нагласува дека Исус дејствувал само со доброто срце во целиот процес на распнувањето и воскресението, давајќи ни ја на нас победата преку Неговата милост на спасението.

Бидејќи Исус ја имал духовната добрина, тој никогаш никого не навредил, ниту пак се карал со некого. Тој сѐ прифаќал преку мудроста на духовната добрина и со зборовите на вистината, дури и кога Тој доживувал тешки и очигледно неприфатливи ситуации. Уште повеќе, Исус ниту се спротивставувал на оние кои се обидувале да го убијат, ниту се обидувал да ја објасни и да ја докаже Неговата невиност. Тој ставил сѐ во рацете на Бога и остварил сѐ со Неговата мудрост и вистината во духовна добрина.

Духовната добрина е срцето кое што „не треба да докрши прекршени трски ниту пак да изгасне запалени светила." Оваа дефиниција ги содржи карактеристичните референтни точки на добрината.

Оние кои што ја имаат добрината не викаат, ниту пак се караат со некого. Нивната појава би се покажувала преку нивната добрина, исто така. Како што е запишано „никој нема да го чуе гласот Негов по улиците," оние кои што ја имаат добрината ќе ја оддаваат добрината и понизноста во својата надворешност. Колку непорочни и совршени мора да биле Исусовите навики во однос на Неговиот начин на чекорење, гестови и јазик! Во Соломоновите изреки 22:12 се кажува, *„На оној кој што ја сака чистотијата на срцето и чии што говори се милостиви, кралот е пријателот негов."*

Како прво, 'прекршената трска' ги претставува оние луѓе

кои што страдале од многу нешта на овој свет и кои што биле повредени во нивните срца. Дури и кога тие го бараат Бога со сиромашното срце, Бог нема да ги заборави нив, туку ќе ги прифати. Ова срце на Бога и ова срце на Исуса е највисокиот врв на добрината.

Како следно, иста е ситуацијата и со срцето кое што не гаси запалени светила. Доколу светилото е запалено, тоа значи дека огнот полека изгаснува, но тука сепак постои жар кој што останува. Во оваа смисла, 'светилото што гори' ја претставува личност која што е толку исфлекана со злото, што светлината на неговиот дух 'догорува.' Дури и кај ваквиот тип на луѓе, доколку имаат и најмала можност да примат спасение, ние не би требало да се откажеме во трудот околу нив. Тоа ја претставува добрината.

Нашиот Господ не се откажува дури ниту од оние луѓе кои што живеат во гревови и му пркосат на Бога. Тој сепак чука на вратата од нивните срца за да им овозможи да го примат спасението. Ваквото срце на нашиот Господ, ја претставува добрината.

Постојат луѓе кои што се како прекршените трски и како светилата што догоруваат во верата. Кога тие ќе паднат под искушенијата поради слабата вера, таквите луѓе ја немаат силата самите повторно да се вратат во црквата. Можеби поради некои телесни нешта кои што тие сеуште не ги отфрлиле, тие можеле да им предизвикаат штета на други членови на црквата. Бидејќи тие чувствуваат жал и се осрамени во врска со тоа, тие сметаат дека не можат да се вратат во црквата.

Така да треба ние први да отидеме кај нив. Ние мора да ги испружиме нашите раце кон нив и да ги држиме за рака. Ова ја претставува добрината. Исто така постојат и луѓе кои што биле први во верата, но подоцна заостанале во духот. Некои од нив, исто така стануваат како 'светилата што догоруваат'.

Некои од нив сакаат да бидат сакани и признаени од другите луѓе, но тоа не им се случува. Така да срцето кај нив е скршено и од нив почнува да излегува злото. Може да се случи да таквите луѓе бидат љубоморни кон оние кои што напредуваат во духот и дури може да се случи и да ги наклеветат поради тоа. Сето тоа е нешто налик на светилото кое што догорува и што испушта чад и гасови.

Доколку ја имаме вистинската добрина, ќе бидеме во можност да ги разбереме ваквите луѓе и да ги прифатиме. Ако се обидуваме да дискутираме што е добро а што е лошо и да ги тераме другите луѓе да ни се прилагодат, сето тоа не ја претставува добрината. Ние би требало да се однесуваме кон нив со добрина, во чесност и љубов, дури и кон таквите кои што го покажуваат злото. Би морале да ги стопиме и да ги трогнеме нивните срца. Кога го правиме овој чин, тоа го претставува дејствувањето во добрината.

10. Хрисопрас: Самоконтрола

Хрисопрасот, десеттиот темел на ѕидовите на Новиот Ерусалим, е најскапиот помеѓу халкидоните. Тој е со полупроѕирна темнозелена боја и е еден од скапоцените камења што Корејките порано го сметале за многу вреден. За нив тој ја симболизирал скромноста и чистотата на жените.

Што духовно симболизира хрисопрасот? Тој ја претставува самоконтролата. Добро е да се има изобилие во сé што ни е дадено во Бога, но мора да постои самоконтрола за сето тоа да биде убаво. Самоконтролата е исто така еден од деветте плодови на Светиот Дух.

Самоконтрола Да Се Постигне Совршеноста

Тит 1:7-9 ни кажува за условите потребни за некој да стане надзорник на црквата, а еден од условите е самоконтролата. Доколку личноста на која и недостасува самоконтролата стане надзорник, што ли би можел тој да постигне во неговиот неконтролиран живот?

Во сето што го правиме за и во Господа, треба да ја издвоиме вистината од невистината и да ја следиме волјата на Светиот Дух, преку самоконтролата. Ако сме способни да го слушнеме гласот на Светиот Дух, ќе бидеме просперитетни во сите нешта, бидејќи ја имаме самоконтролата. Наспроти ова, доколку ја немаме самоконтролата, нештата можат да тргнат во погрешен правец, па ние тогаш можеме дури и да доживееме несреќи, природни или предизвикани од човекот, болести и слични нешта.

Слично на ова, плодот на самоконтролата е особено важен и е пресуден во достигнувањето на совршенството. Колку повеќе го носиме плодот на љубовта, толку повеќе ќе можеме да го носиме плодот на радоста, мирот, трпеливоста, љубезноста, добрината, верноста и нежноста, а овие плодови да бидат исполнети преку самоконтролата.

Самоконтролата може да се спореди со анусот на нашето тело. Иако мал, тој врши многу важна улога во телото. Што ако ја загуби силата на контракцијата? Изметот тогаш не би можел да се контролира и ние би биле нечисти и одбивни.

На истиот начин, доколку ја загубиме нашата самоконтрола, сето може да се претвори во хаос. Луѓето живеат во невистината бидејќи духовно не можат да се контролираат себеси. Поради тоа, тие се соочуваат со искушенија и не можат да бидат сакани од Бога. Ако ние самите себе не можеме да се контролираме физички, тогаш би правеле некои неправедни, незаконски нешта, бидејќи би јаделе и би се опивале онолку колку што сакаме, правејќи ги нашите животи хаотични.

Јован Крстител

Помеѓу Библиските личности, добар пример за самоконтролата е Јован Крстител.

Јован Крстителот јасно знаел зошто тој дошол на оваа земја. Тој знаел дека мора да го подготви патот за Исуса, кој што е вистинската светлина. Така да, додека не ја исполнил оваа должност, тој живеел еден потполно издвоен живот од светот. Тој се наоружал себе си со молитвата и со самото Слово, додека бил во дивината. Се хранел само со скакулци и со дивиот мед. Тоа бил еден многу осаменички и строго контролиран живот. Преку ваквиот вид на живот, тој бил спремен да го подготви патот за Господа и во потполност да го изврши.

Во Матеј 11:11, Исус го вели ова за него "*Вистина ви*

велам, помеѓу оние родени од жена, не се јавил поголем од Јована Крстителот!"

Ако некој од вас сега размислува, 'Па сега јас ќе одам длабоко во планините, на некое осамено место и ќе го живеам животот во самоконтрола!' тоа само е доказ дека таквиот човек ја нема самоконтролата и си го толкува Словото Божјо на свој сопствен начин и премногу е во размислувањето.

Важно е да си го контролирате вашето срце во Светиот Дух. Доколку сеуште не сте го достигнале нивото на духот, тогаш треба да си ги контролирате вашите телесни мисли и единствено да ги следите желбите на Светиот Дух. Исто така, дури и откако ќе го достигнете духот, вие ќе морате да си ја контролирате силата или магнитудата на секое од духовните срца, за да ја имате совршената хармонија како една целина. Таквата самоконтрола е прикажана со светлината на хрисопрасот.

11. Хијацинт: Чистота И Светост

Хијацинтот, единаесеттиот темел на ѕидовите на Новиот Ерусалим претставува скапоцен камен со проѕирна, синкава боја и духовно ја симболизира чистотата и светоста.

„Чистотата" тука се однесува на состојбата на немањето грев, значи да се биде чист без никаква дамка или флека. Ако една личност се тушира или бања неколку пати во текот на денот, си ја чешла косата и пристојно се облекува, тогаш луѓето ќе кажат за таквата личност дека таа е чиста и пристојна. Дали тогаш, исто така и Бог исто ќе каже дека таквата личност е чиста? Кој тогаш би го претставувал човекот со чисто срце и како би можеле да го достигнеме чистото срце?

Чистото Срце Од Гледиштето На Бога

Фарисеите и книжниците си ги миеле рацете пред да јадат, следејќи ги традициите на старите. Па кога Исусовите ученици не го направиле тоа, тие му поставиле на Исуса едно прашање, за да го обвинат. Матеј 15:2 кажува, *„Зошто Твоите ученици ја прекршуваат традицијата на старите? Зошто не си ги мијат рацете кога јадат леб.“*

Исус ги подучил што всушност претставува вистинската чистота. Во Матеј 15:19-20 Тој кажува, *„Бидејќи од срцето излегуваат лошите помисли, убиствата, прељубодејствиата, блудствата, кражбите, лажните сведоштва, клеветите. Тоа се нештата кои што го валкаат човекот, а јадењето со неизмиени раце не го валка човекот.“*

Чистотата, од гледната точка на Бога, претставува да се нема грев во срцето. Чистотата е всушност кога го имаме срцето кое што е чисто и кое што нема вина, флека или мана. Ние можеме да си ги измиеме рацете и телото со водата, но како би можеле да си го прочистиме нашето срце?

Него исто така можеме да си го измиеме со вода. Можеме да си го прочистиме на тој начин што ќе го измиеме со духовната вода, која што всушност е Словото Божјо. Евреите 10:22 кажува, *„тогаш да пристапиме со искреното* срце, во полната увереност во верата, откако со попрскувањето ќе си ги очистиме срцата од злата совест и ќе си го измиеме телото со чистата вода." Ние ќе можеме да ги имаме чистите и вистинитите срца до оној степен, до кој што ќе дејствуваме според Словото Божјо.

Кога ќе го испочитуваме она што Библијата ни кажува да отфрлиме и нема да го правиме тоа, тогаш невистината и злото ќе ни бидат измиени од нашето срце. И кога ќе го испочитуваме сето тоа што Библијата ни заповеда да го правиме и ќе се придржуваме до тоа, тогаш ќе можеме да избегнеме да се исфлекаме од гревовите и злото на светот, преку тоа што постојано ќе се снабдуваме со чистата вода. На овој начин ќе можеме да си ја зачуваме чистотата на нашето срце.

Матеј 5:8 кажува, *"Благословени се чистите по срце, бидејќи тие ќе Го видат Бога."* Бог исто така ни кажал и за благословот што чистите по срце ќе го добијат. Тој благослов е дека тие ќе го видат Бога. Оние кои што се чисти во срцето, ќе се видат со Бога лице во лице, во кралството небесно. Тие ќе стигнат најмалку до третото кралство небесно, или дури можат и ќе влезат во Новиот Ерусалим.

Но вистинското значење на зборовите 'да се види Бог' не се состои во тоа, само да се види Бог. Тоа всушност значи дека ние секогаш ќе се среќаваме со Бога и ќе ја добиваме помошта од Него. Тоа значи дека ние ќе го живееме животот во кој што ќе чекориме со Бога, дури и тука, на оваа земја.

Енох Кој Што Го Достигнал Чистото Срце

Петтото поглавје на Битие го опишува Енох кој што го култивирал чистото срце и чекорел со Бога тука на земјата. Во Битие 5:21-24, можеме да прочитаме дека Енох чекорел со Бога во текот на три стотини години, од времето кога станал татко на Матусала, на 65-годишна возраст. Тогаш, како што е запишано во стихот 4, *„И Енох, живеејќи според волјата Божја, исчезна, бидејќи Бог го зеде,"* тој бил жив подигнат на Небесата.

Евреи 11:5, ни ја кажува причината зошто тој можел да биде подигнат на небесата без да ја види смртта, запишано е *„Преку верата Енох беше преселен, за да не ја види смртта; и не можеше да се најде, бидејќи Бог го подигна горе. Зашто пред преселувањето тој го доби сведоштвото дека Му угодил на Бога."*

Енох му угодил на Бога преку култивирање на така чистото срце кое што немало никаков грев, дури и до тој степен што тој не морал ниту да ја види смртта. И на крајот тој бил жив преселен на Небесата. Во времето на подигањето тој имал 365 години, но во тие времиња луѓето живееле и по повеќе од 900 години. Од денешен аспект, Бог го земал Еноха кога тој бил во цветот на младоста.

Сето тоа се одиграло така, бидејќи Енох бил прекрасен од гледиштето на Бога. Тогаш Бог повеќе сакал да го види Еноха блиску до Него во небесното кралство, отколку да го задржува тука на оваа земја. Тука можеме да видиме колку Бог ги љуби и им се радува на оние луѓе кои што ги имаат чистите срца.

Но дури и Енох не станал осветен преку ноќ. Тој исто така поминал низ различните видови на искушенија, до негова 65 годишна возраст. Во Битие 5:19, можеме да видиме дека Јаред, таткото на Еноха, уште 800 години раѓал синови и ќерки, откако го родил Еноха, па поради ова ние можеме да сфатиме дека Енох имал многу браќа и сестри.

Бог ми овозможи да осознаам, преку длабоките молитви, дека Енох никогаш немал никакви проблеми со некого од неговите браќа и сестри. Тој никогаш не сакал да има повеќе од неговите браќа; тој секогаш правел отстапки кон нив. Никогаш не сакал да биде фален повеќе од неговите браќа и сестри, а самиот се трудел да го сработи неговото најдобро што може. Дури и кога некои други браќа биле сакани повеќе од него, тој воопшто не се чувствувал непријатно, што значи дека немал никаква љубомора.

Исто така, Енох секогаш бил послушна личност. Тој го слушал не само Словото Божјо туку исто така и она што му го кажувале неговите родители. Никогаш не инсистирал на неговото сопствено мислење. Немал никакви егоцентрични желби и не примал ништо лично. Тој живеел во хармонија со секого.

Во себе Енох го култивирал чистото срце со кое што тој можел да го види Бога. Кога Енох наполнил 65 години, го достигнал нивото да му угоди на Бога, и тогаш можел да чекори со Бога.

Но постои една уште поважна причина поради која тој можел да чекори со Бога. Тоа била причината што тој толку многу го љубел Бога и уживал во комуницирањето со Него. Се разбира, тој не го имал погледот кон нештата од овој свет, туку го љубел Бога повеќе од сето друго на овој свет.

Енох си ги сакал своите родители и ги почитувал, и имало мир и љубов помеѓу него и сите негови браќа и сестри, но сепак тој најмногу го сакал Бога. Повеќе уживал во тоа да биде сам и да го слави Бога, отколку да биде со членовите на неговото семејство. Тој го чувствувал недостигот за Бога, додека го набљудувал небото и природата и уживал во комуникацијата со Него.

Така било уште пред Бог да почне да чекори со него, а од кога Бог почнал да чекори со него, било уште повеќе. Како што е забележано во Соломоновите изреки 8:17 каде што пишува, *„Ги сакам оние кои што ме сакаат, и оние кои што вредно Ме бараат, ќе Ме најдат,"* Енох многу го сакал Бога и чувствувал дека Тој му недостасува, така што Бог исто така чекорел со него.

Колку што повеќе го љубиме Бога, толку почисто ќе ни стане нашето срце, а колку што почисто срце имаме, толку повеќе ќе го љубиме и ќе го бараме Бога. Навистина е пријатно да се зборува и да се општи со оние луѓе кои што се чисти во срцето. Тие едноставно прифаќаат сé на еден чист начин и им веруваат на луѓето.

Кој би се чувствувал лошо и би мрморел гледајќи ги недолжните насмевки на малите бебиња? Најголем број од луѓето се чувствуваат добро и исто така се насмевнуваат, кога ќе ги видат бебињата. Сето тоа се случува на тој начин бидејќи чистотата на бебињата се префрла на луѓето, освежувајќи ги нивните срца, исто така.

Богот Отецот се чувствува на ист начин кога ќе види некоја личност која што е со чисто срце. Така да, Тој сака да гледа колку што е можно повеќе од ваквите луѓе и сака да биде со нив.

12. Аметист: Убавина и Кроткост

Дванаесеттиот и последниот темел на ѕидовите на Новиот Ерусалим е аметистот. Аметистот ја има светло-виолетовата боја и е проѕирен. Аметистот ја има толку елегантната и убава боја, што аристократите го сакаат уште од античките времиња.

Бог исто така го смета духовното срце кое што е симболизирано со аметистот, како многу убаво. Духовното срце кое што го симболизира аметистот е благоста. Оваа благост може да се најде во Главата за Љубовта, во Блаженствата и дури и во деветте плода на Светиот Дух. Тоа е плодот што со сигурност ќе се роди кај една личност која што го раѓа духот низ Светиот Дух и која што живее според словото Божјо.

Срцето На Благоста, Од Бога Се Смета За Убаво

Речникот ја дефинира благоста како карактеристика на добрината, нежноста и кроткоста; [и] да се биде способен да се пренесе смиреноста. Но благоста која што Бог ја смета за убава, не се состои само од овие карактеристики.

Оние луѓе кои што ги имаат благите карактери во телото,

до некаде се чувствуваат дури и непријатно кон луѓето кои што не се благи. Кога тие ќе видат некого кој што е многу избувлив или силен во карактерот, тие стануваат повнимателни, па дури и сметаат дека е тешко да се општи со таков вид на личности. Но личноста која што е духовно блага лесно може да ја прифати секоја личност со било кој вид на карактер. Ова е една од разликите помеѓу телесната благост и духовната благост.

Тогаш, што претставува духовната благост и зошто Бог ја смета за убава?

Да се биде духовно благ значи да се има нежен и топол карактер, заедно со широко срце, за да се прифати било која личност. Тоа е некоја личност која што го поседува срцето кое што е меко и пријатно како памукот, така да многу луѓе можат да најдат одмор во него. Исто така, тоа е личноста која што може сé да разбере во добрината и да прегрне и прифати сé во љубовта.

И постои уште едно нешто кое што не може да недостасува кај духовната благост. Тоа е доблесниот карактер во врска со имањето на широкото срце. Доколку го имаме многу топлото и меко срце само во рамките на нас самите, тогаш тоа навистина не значи ништо. Од време на време, кога тоа ќе биде потребно, ние би требало да бидеме способни да ги охрабриме и да им дадеме совет на другите луѓе, покажувајќи ги делата на добрината и на љубовта. Да се покажува доблесниот карактер значи да се зајакнат другите, да им се овозможи да ја почувствуваат топлината и да им се дозволи да најдат одмор во нашите срца.

Духовно Блага Личност

Оние кои што ја имаат вистинската духовна благост, во себе немаат никакви предрасуди кон никого. Така да, тие немаат никакви неволји и не се во лоши односи со никого. Личноста која што е во друштвото на ваквата духовно блага личност, исто така ќе може да го почувствува ова топло срце, па така што ќе може да најде смиреност и одмор во умот, чувствувајќи се како да е топло прегрната. Ваквата духовна благост е слична на големото дрво кое што дава голема, студена сенка во еден топол летен ден.

Доколку сопругот преку неговото широко срце ги прифаќа и ги прегрнува сите членови на неговото семејство, сопругата ќе го почитува и ќе го сака. Доколку сопругата исто така го има срцето кое што е меко како памукот, таа тогаш ќе може да му обезбеди спокој и мир на нејзиниот сопруг, па така да тие ќе можат да бидат многу среќен пар. Исто така, оние деца кои што се подигнати во едно такво семејство никогаш нема да застранат, дури и да се соочени со доста потешкотии. Бидејќи ќе можат да зајакнат во мирот на семејството, тие ќе можат да ги надминат тешкотиите и да израснат во чесност и во добро здравје.

Слично на ова, низ ваквите луѓе кои што ја имаат култивирано духовната благост, луѓето околу нив ќе можат исто така да го пронајдат мирот и да се почувствуваат среќно. Тогаш, Богот Отецот исто така ќе каже дека оние луѓе кои што се духовно благи, се навистина убави.

На овој свет, луѓето употребуваат различни начини за

да ги придобијат срцата на другите луѓе. Тие можат да ги снабдуваат другите со материјални нешта или пак да ги искористат славата и авторитетот кои што ги имаат во општеството. Но преку овие телесни начини, ние не можеме навистина да се здобиеме со срцата на другите луѓе. Може да се случи да ни помогнат поради нивните потреби кои што ги имаат во тој момент, но бидејки не го направиле тоа од нивното срце, многу лесно ќе можат да го сменат мислењето кога ситуацијата ќе се смени.

Но луѓето природно се собираат околу некоја личност која што ја има духовната благост. Сето она што тие го нудат, го нудат од нивното срце, и посакуваат да останат со таквото срце. Сето тоа е така, бидејки преку личноста што има духовна благост, тие можат да зајакнат и да ја почувствуваат утехата што не можеле да ја почувствуваат во светот. Така да многу луѓе би останале со некоја личност која што ја има духовната благост и сето ова прераснува во духовен авторитет.

Матеј 5:5 зборува за овој благослов на здобивањето на многуте души, кажувајќи дека таквите луѓе ќе ја наследат земјата. Тоа значи дека тие ќе ги придобијат срцата на луѓето кои што се направени од земјата. Како резултат на тоа, тие исто така ќе се здобијат со големо парче на земја во вечното кралство небесно. Бидејки тие прегрнале и повеле многу души кон вистината, за тоа тие ќе ги примат многуте награди.

Затоа Бог го кажува ова за Мојсеја во Броеви 12:3, *„А Мојсеј беше најскромниот човек, повеќе од било кој друг човек на земјата."* Мојсеј го водел исходот. Тој повел повеќе од 2 милиони луѓе и во текот на 40 години ги водел низ дивината. Исто како што родителите ги одгледуваат своите деца, исто така и тој ги прегрнал нив во неговото срце и ги водел според волјата Божја.

Дури и кога нивните деца би сториле смртни гревови, родителите сепак не би ги напуштиле. На истиот начин, Мојсеј ги заштитувал дури и оние луѓе на кои што не можело да им се помогне, кои што според Законот би требало да бидат оставени, и ги водел сé до крајот, барајќи од Бога прошка за нив.

Кога ќе ја имате дури и некоја минорна должност во црквата, вие ќе сфатите колку добра е оваа благост. Не само во должностите на грижата за душите, туку и во сите други должности, доколку ги вршите со благост, нема да имате никаков проблем. На светот не постојат два човека кои што го имаат истото срце и истите мисли. Секој еден човек е одгледан во различни околности и поседува различни особини. Нивните мисли и ставови може да не се совпаѓаат.

Но оној кој што е благ во срцето, ќе може да ги прифати другите со широко срце. Благоста да се испразните себе си и да ги прифатите другите, убаво се изразува во ситуацијата каде што секој човек инсистира дека е во право.

Ние научивме нешто за сите духовни срца симболизирани низ секој од дванаесетте камен темелници на градскиот sид на Новиот Ерусалим. Тоа е срцето на верата, чесноста, жртвувањето, праведноста, верноста, страста, милосрдието, трпеливоста, добрината, самоконтролата, чистотата и на благоста. Кога ќе ги консолидираме сите овие карактеристики, така настанува срцето на Исуса Христа и на Богот Отецот. Кажано во една фраза, тоа би ја претставувало 'совршената љубов'.

Оние кои што ја култивирале оваа совршена љубов преку добрата и избалансирана комбинација на секоја од овие карактеристики на дванаесетте скапоцени камења, можат храбро да влезат во Градот Нов Ерусалим. Исто така, нивните куќи во Новиот Ерусалим ќе бидат украсени со дванаесетте различни скапоцени камења.

Затоа, внатрешноста на Градот Нов Ерусалим е толку убава и воодушевувачка, повеќе отколку што би можело да се изрази. Куќите, зградите и сите капацитети, како на пример парковите, се украсени на најубавиот можен начин.

Но она што Бог го смета за најубавото нешто, се всушност луѓето кои што доаѓаат во градот. Тие ќе оддаваат посовршени светлини од светлините што доаѓаат од сите дванаесет скапоцени камења. Тие исто така ќе ја оддаваат густата арома на љубовта кон Отецот, од длабочините на нивните срца. Преку ова, на Богот Отецот ќе му биде возвратено за сите нешта што Тој ги сторил до тогаш.

Глава 6

Дванаесетте Бисерни Порти И Златниот Пат

1. Дванаесетте Порти Направени Од Бисери

2. Улици Направени Од Чисто Злато

„И дванаесетте порти беа дванаесет бисери; секоја од портите беше од еден бисер. А улиците на градот беа од чисто злато како провидно стакло."

- Откровение 21:21 -

Градот Нов Ерусалим има дванаесет порти, по три на северната, јужната, источната и западната страна од неговите ѕидови. Огромен ангел ја чува секоја од портите, а гледката ја прикажува величественоста и авторитетот на Градот Нов Ерусалим. Секоја порта е во форма на арка и е толку голема, што мораме да погледнеме нагоре да го видиме крајот. Секоја порта е направена од еден гигантски бисер. Таа се отвара кон секоја страна и има рачка направена од злато и други скапоцени камења. Портата се отвара автоматски без некој да треба да ја отвара со рака.

Бог ги направил дванаесетте порти со прекрасни бисери и улиците со чисто злато, за Неговите возљубени чеда. Колку ли поубави и повозвишени би биле објектите во Градот?

Пред да почнеме со истражувањето на зградите и местата во Градот Нов Ерусалим, да ги разгледаме најпрвин причините зошто Бог ги направил портите на Новиот Ерусалим со бисери, и каков вид на улици, поинакви од златните улици постојат таму.

1. Дванаесетте Порти Направени Од Бисери

Откровение 21:21 пишува, *„И дванаесетте порти беа дванаесет бисери, секоја од портите беше од еден бисер; а улиците на градот беа од чисто злато како провидно стакло."* Зошто тогаш, дванаесетте порти се направени од бисери, кога постојат многу други скапоцени камења во Новиот Ерусалим? Некој може да каже дека би било подобро да се украси секоја порта со различни скапоцени камења, бидејќи има дванаесет порти, но Бог ги украсил сите дванаесет порти само со бисери.

Ова е направено така, бидејќи постои одредено провидение Божјо и духовно значење кое што се содржи во овој дизајн. За разлика од другите скапоцености, бисерите ја имаат до некаде поинаквата вредност и затоа се сметаат за поскапоцени, бидејќи биле создадени по еден болен процес.

Зошто Дванаесетте Порти Биле Направени Од Бисери?

Како се создава бисерот? Бисерот е еден од двата органски скапоцености од морето, а другиот е коралот. На него му се восхитуваат голем број на луѓе, бидејќи тој има една прекрасна измазнетост, без полирање.

Бисерот се формира на внатрешната кожа од оклопот на остригата. Тој претставува една грутка создадена од абнормалното сјајно лачење, кое што се состои главно од калциум карбонат во полусферичен или сферичен облик. Кога некоја туѓа материја ќе навлезе во мекото ткиво на школката, тогаш школката страда во голема болка, како да е прободена со игла. Тогаш школката се бори против туѓата материја, трпејќи големо количество на болка. Кога лачењето на школката повеќе пати ќе ја прекрие туѓата материја, настанува бисерот.

Постојат два вида на бисери: природни бисери и

културвирани бисери. Луѓето го имаат сватено принципот на создавањето на бисерите. Се одгледуваат многу школки на кои што им се внесуваат некои вештачки материи за да почнат да ги создаваат бисерите. Овие бисери на прв поглед изгледаат како да се природни, но тие се релативно поефтини, бидејќи ја имаат потенката бисерна обвивка.

Исто како што школката го создава убавиот бисер поднесувајќи ја големата болка која што им е нанесена од туѓите материи, исто така постои и процес на трпеливост за Божјите чеда, кои што настојуваат да го повратат изгубениот образ на Бога. Тие ќе можат да ја добијат верата која што е налик на чистото злато, преку која ќе можат да влезат во Новиот Ерусалим, единствено откако ќе ги издржат тешкотиите и тагата, за време на нивниот живот тука на земјата.

Доколку сакаме да ја извојуваме победата во борбата за верата и да поминеме низ портите на Градот Нов Ерусалим, сите ние мора да направиме бисер во нашето срце. Исто како што бисерната острига ја издржува болката и го лачи седефот за да го направи бисерот, исто така и чедата Божји треба да ја издржат болката, сѐ додека во потполност не го повратат образот на Бога.

Откако гревот дошол на овој свет и луѓето сѐ повеќе стануваले извалкани со гревовите, тие го изгубиле образот Божји. Во срцата на луѓето се засадиле злото и невистината а нивните срца станале нечисти, оддавајќи ја миризбата на нечистотијата. Богот Отецот ја покажал Неговата голема љубов дури и кон таквите луѓе кои што живееле со грешните срца во овој грешен свет.

Секој кој што верува во Исуса Христа, преку Неговата крв ќе биде прочистен од гревовите. Но вистинските чеда кои што Богот Отецот ги сака, се оние чеда кои што се потполно израснати и созреани. Тој ги сака оние кои што нема повторно да се извалкаат себе си, откако ќе бидат измиени. Духовно тоа значи да тие не прават повеќе гревови, туку да му угодуваат на Бога Отецот со совршената вера.

За да го имаме ваквиот вид на совршената вера, ние прво мора да ги имаме вистинските срца. Ние ќе можеме да го имаме вистинското срце само тогаш, кога ќе ги отстраниме сите гревови и злото од нашето срце, а наместо тоа ќе го исполниме со добрината и љубовта. Колку што повеќе добрина и љубов ќе имаме, толку повеќе ќе го имаме повратено образот Божји.

Богот Отецот дозволува да им се случат прочистителни искушенија на Неговите чеда, за да можат да ја култивираат добрината и љубовта. Тој им овозможува да си ги пронајдат гревовите и злото во нивните срца, во различни ситуации. Кога ќе ги пронајдеме нашите гревови и зло, ние ќе ја почувствуваме болката во нашето срце. Тоа е нешто налик на ситуацијата кога некој остар натрапник навлегува во остригата и и го пробива нејзиното меко ткиво. Но ние мораме да го согледаме фактот дека болката ја трпиме кога минуваме низ искушенијата поради гревовите и злото, кои што се во нашето срце.

Ако навистина го согледаме овој факт, тогаш ние ќе можеме да го направиме духовниот бисер во нашето срце. Тогаш ние ревносно би се молеле за да ги отфрлиме гревовите и злото што сме го откриле. Во тој случај милоста и силата Божја, ќе се спуштат врз нас. Исто така и Светиот Дух ќе ни помогне. Како резултат на тоа, гревовите и злото што сме ги нашле ќе бидат отстранети а наместо тоа ќе се стекнеме со духовното срце.

Бисерите се навистина скапоцени, ако се земе во предвид постапката за нивното создавање. Исто како што школките мораат да ја издржат големата болка и да истраат за да ги создадат бисерите, исто така и ние мораме да ја надминеме и да ја издржиме големата болка, за да можеме да влеземе во Новиот Ерусалим. Ние ќе бидеме во можност да поминеме низ тие порти само откако ќе ја извојуваме победата во битката за верата. Овие порти се направени за да го симболизираат тој факт.

Евреи 12:4 ни кажува, *„Вие сеуште се немате спротивставено против гревот до точката на пролевањето на крвта."* И втората половина на Откровението 2:10 исто така не упатува *„Биди верен до смртта и ќе ти го дадам венецот на животот."*

Како што ни кажува Библијата, ние ќе можеме да влеземе во Новиот Ерусалим, најубавото место на небесата, само тогаш кога ќе му се спротивставиме на гревот, ќе ги отфрлиме сите видови на злото, ќе бидеме верни до точката на смртта и ќе ги исполниме нашите должности.

Надминувањето На Искушенијата Во Верата

Ние мораме да ја имаме верата како чистото злато, за да можеме да поминеме низ дванаесетте порти на Новиот

Ерусалим. Ваквиот вид на верата не ни е само напросто дадена; само откако ќе ги поминеме и ќе ги надминеме искушенијата во верата, само тогаш ќе можеме да бидеме наградени со таквата вера, исто како што школката ја поднесува големата болка додека го прави бисерот. Сепак не е толку лесно да се преовладее во верата, бидејќи тука се непријателот ѓаволот и Сатаната, кои што се обидуваат да не спречат во здобивањето со вера, по секоја цена. Толку повеќе што, додека не застанеме на карпата од верата, ние можеби ќе почувствуваме дека патот до небесата е тежок и болен, бидејќи ќе мораме да се соочиме со интензивните битки против непријателот ѓаволот, онолку колку што ни е присутна невистината во нашите срца.

Сепак ние ќе можеме да ги совладаме бидејќи Бог ќе ни ја даде Неговата милост и сила, а Светиот Дух ќе ни помогне и ќе не води. Ако застанеме на карпата од верата по следењето на овие чекори, тогаш ќе бидеме во можност да ги надминеме сите видови на тешкотии и да се радуваме наместо да страдаме.

Будистичките монаси си ги камшикуваат своите тела и ги „поробуваат" преку медитациите, за да ги отфрлат сите телесни нешта. Некои од нив со децении го практикуваат аскетизмог, а кога ќе умрат, еден предмет кој што е во форма на бисер може да се открие во нивните останки. Тој се формира во текот на многу годишното трпение и само-контрола, на истиот начин на кој што се формираат бисерите во школките на остригите.

Колку ли многу би требало да трпиме и да се контролираме себеси во болката, доколку само преку нашата сила би се обиделе да ги отфрлиме световните задоволства и да ја контролираме похотата на телото? Сепак, чедата Божји ќе можат многу бргу да ги отфрлат световните задоволства преку милоста и силата Божја, низ делата на Светиот Дух. Исто така со помошта Божја, многу лесно ќе можеме да надминеме секаков вид на потешкотии и ќе можеме да ја истрчаме духовната трка, бидејќи небесата веќе ќе бидат подготвени за нас.

Затоа чедата Божји кои што ја имаат верата, не мораат да ги истрпуваат нивните искушенија низ болка, туку можат да ги надминат во радост и благодарност, предвидувајќи ги благословите што наскоро би требало да ги примат.

Дванаесетте Бисерни Порти Се Наменети За Победниците Во Верата

Дванаесетте бисерни порти служат како триумфални капии за победниците во верата, на истиот начин на кој што победничките заповедници се враќаат дома по успешни битки, марширајќи низ споменикот кој што ги прославува нивните достигнувања.

Во старо време, за да им се посака добредојде и да им се оддаде почеста на војниците и на нивните заповедници, кои што се враќаат дома во победата, луѓето им граделе различни споменици и структури и го именувале секое место со името на хероите. Победничкиот генерал би бил прославуван и би поминал низ триумфална арка или порта, поздравен од толпата насобран народ, јавајќи на двоколка, испратена од кралот.

Кога пристигнувале во салата за забави, токму среде победничкото пеење, министрите кои што седеле со кралот и кралицата, ги отпоздравувале. Заповедникот тогаш слегувал од двоколката и му се поклонувал на неговиот крал, а кралот го подигнувал и ја истакнувал неговата исклучителна служба. Потоа јаделе, пиеле и ја споделувале радоста на победата. Заповедникот можело да биде унапреден и да му се доделат некои богатства и почести, кои што можеле да се споредат со тие на кралот.

Ако авторитетот на еден заповедник на армијата може да биде толку голем, колку ли поголем би можел да биде авторитетот на оние кои што ќе поминат низ дванаесетте порти на Новиот Ерусалим? Тие ќе бидат сакани и утешувани од страната на Богот Отецот и засекогаш ќе живеат таму во славата која што не може ниту да се спореди со славата на заповедникот или пак на војниците, кои што поминуваат низ каква и да е триумфална арка. Кога ќе поминуваат низ дванаесетте порти кои што се во потполност направени од бисери, тие ќе се потсетуваат на нивното патување во верата, во текот на кое, тие се бореле и правеле сé најдобро што можат, и ќе ги леат солзите на благодарноста, од длабочините на нивните срца.

Величественоста На Дванаесетте Бисерни Порти

На небесата, луѓето никогаш нема да заборават ништо дури ниту по долго време, бидејќи небесата се дел од духовниот свет. Наместо тоа, тие ќе го прославуваат времето што ќе ги потсетува на минатото.

Затоа оние кои што ќе влезат во Новиот Ерусалим ќе бидат совладани од гледката на дванаесетте бисерни порти размислувајќи, 'Совладав толку многу искушенија и конечно пристигнав во Новиот Ерусалим!' Тие ќе се веселат потсетувајќи се на фактот дека се бореле и конечно го победиле непријателот ѓаволот и светот, и ја отфрлиле целата невистина од нив. Тие уште еднаш ќе му заблагодаруваат на Богот Отецот, потсетувајќи се на Неговата љубов која што ги водела во совладувањето на светот. Тие исто така ќе им благодарат и на оние кои што им помогнале да стигнат до тоа место.

Во овој свет, степенот на благодарност понекогаш потполно избледува или пак се намалува со текот на времето, но бидејќи на небесата не постои неискреноста, благодарноста на луѓето, радоста и љубовта се повеќе ќе растат со текот на времето. Затоа, жителите на Новиот Ерусалим, кога и да погледнат во бисерните порти, ќе и бидат благодарни на љубовта Божја и на оние луѓе коишто им помогнале да пристигнат таму.

2. Улици Направени Од Чисто Злато

Како што луѓето ќе се присетуваат на нивните животи од земјата и ќе поминуваат низ величествените бисерни порти во форматата на арка, тие конечно ќе влезат во Новиот Ерусалим. Градот ќе биде исполнет со светлината на Божјата слава, со далечниот, мирен звук на ангелските пофални песни и со нежните мириси на цвеќињата. Како што чекор по чекор ќе навлегуваат во Градот, ќе ја чувствуваат неискажливата среќа и благослов.

Ѕидовите украсени со дванаесетте скапоцени камења и прекрасните бисерни порти веќе ви се опишани. Од што тогаш, се направени улиците во Нов Ерусалим? Како што Откровение 21:21 ни кажува, *„А улиците на градот беа од чисто злато како провидно стакло,"* Бог ги направил улиците на Новиот Ерусалим од чисто злато за Неговите чеда кои што ќе влезат во Градот.

Исус Христос: Патот

Во овој свет постојат многу видови на патишта, рангирани од патеките па сѐ до железничките пруги, од тесните улици па сѐ до автопатиштата. Во зависност од местото каде што треба да стигнат и од потребата, луѓето избираат различни патишта по кои што ќе одат. За да се пристигне на небесата, сепак, постои само еден пат: Исус Христос.

> *Јас сум патот, и вистината, и животот; нема друг пат да се дојде кај Отецот, освен преку Мене* (Јован 14:6).

Исус, едниот и единствениот Син Божји, го отворил патот на спасението преку тоа што бил распнат во името на сето човештво, што требало засекогаш да умре поради сторените гревови, и воскреснал на третиот ден. Кога ние веруваме во Исуса Христа, ние тогаш ја имаме квалификацијата за да го примиме вечниот живот. Затоа,

Исус Христос е единствениот пат до небесата, спасението и вечниот живот. Уште повеќе, патот до вечниот живот е да се прифати Исус Христос и да се наликува на Неговата природа.

Златни Улици

На секоја страна од Реката со Водата на Животот постојат улици што му овозможуваат секому лесно да го пронајде престолот Божји во безгранично големите небеса. Реката со Водата на Животот извира од престолот на Бога и на Агнецот, тече низ Градот Нов Ерусалим и низ сите престојувалишта на небесата и потоа се враќа кон престолот на Бога.

> И ми ја покажа чистата река со водата на животот, бистра како кристалот која што истекуваше од престолот на Бога и на Агнецот, среде главната улица. На двете страни на реката беше дрвото на животот носејќи ги дванаесете вида на плодови, давајќи плод секој месец; а лисјата на дрвото беа за исцелувањто на народите (Откровение 22:1-2).

Духовно, „водата" го симболизира Словото Божјо и бидејќи ние се здобиваме со животот преку Неговото Слово и одиме по патот на вечниот живот преку Исуса Христа, водата на животот тече од престолот на Бога и на Агнецот. Бидејќи Реката со Водата на Животот минува низ сите небеса, ние ќе можеме многу лесно да дојдеме во Новиот Ерусалим само преку следењето на златните улици кои што се наоѓаат на секоја страна од Реката.

Значењето На Златните Улици

Златните улици не се наоѓаат само во Новиот Ерусалим, туку исто така и низ сите места на небесата. Сепак како што сјајноста, материјалите и убавината се разликуваат од едно место за живеење до друго, сјајот на златните улици исто така се разликува во секое место за живеење на небесата.

Чистото злато на небесата, за разлика од златото што може да се најде на овој свет не е меко, туку цврсто. Сепак кога ќе чекориме по тие златни улици, ќе ни изгледа како да е многу меко. Уште повеќе, на небесата нема ниту прав ниту нечистотии и бидејќи таму никогаш ништо не остарува, златните улици никогаш нема да се оштетат. Од секоја страна на улиците цветаат прекрасни цвеќиња и тие ги поздравуваат чедата Божји што чекорат по улицата.

Што тогаш би било значењето и причината на правењето на улиците со чисто злато? Сето тоа е така за да не потсети дека колку што ни се почисти срцата, во толку подобро место на небесата ќе можеме да престојуваме. Понатаму, бидејќи ние ќе можеме да влеземе во Новиот Ерусалим само кога ќе напредуваме кон Градот со верата и надежта, Бог ги направил улиците од чисто злато кое што е синоним за духовната вера и силната надеж родена од оваа вера.

Цветни Патишта

Исто како што постои разлика во чекорењето по свежо поткастрена трева, карпите, поплочените патишта итн, исто така постои и разлика помеѓу чекорењето по златните улици и цветните патишта. Исто така постојат и други патишта кои што се направени од скапоцености и постои разлика во среќата која што ќе се чувствува кога се чекори по нив. Можеме да ја забележиме разликата во удобноста при возењето во различните превозни средства, како што се авионот, возот или автобусот, а истото се однесува и на небесата. Кога самите ќе чекориме по патишатата ќе биде потполно различно од автоматското пренесување со помош на Божјата сила.

Цветните патишта на небесата немаат цвеќиња од секоја страна од патот бидејќи самите патишта се направени од цвеќиња, па така луѓето можат да чекорат по цвеќињата. Се чувствува една мекост и лелеавост како чекорењето по мекиот тепих со босите стопала. Цвеќињата нема да се оштетуваат ниту да се кинат бидејќи нашите тела таму се духовни тела, кои што се многу лесни па така цвеќињата не можат да бидат прегазени.

Како дополнение, небесните цвеќиња ќе се радуваат и ќе ги испуштаат нивните мириси кога чедата Божји ќе чекорат по нив. Така да кога луѓето ќе чекорат по цветните патишта, мирисите ќе им се впиваат во нивните тела, па така нивните срца ќе бидат блажени, освежени и среќни.

Патишта Од Скапоцености

Овие патишта се направени од скапоцени камења кои што ги имаат многуте видови на совршени бои и кои што се полни со прекрасната светлина, и што е уште поинтересно, тие сјаат со поубава светлина кога духовните тела чекорат по нив. Дури и скапоцените камења оддаваат миризби, а среќата и радоста што се чувствуваат се вон човечкото поимање. Всушност ние ќе можеме да почувствуваме малку возбуда кога ќе чекориме по патот со скапоценостите, бидејќи тоа ќе ни се чини како чекорењето по водата. Сепак тоа нема да значи дека ќе почувствуваме како да тонеме во вода или да се давиме, туку наместо тоа ќе почувствуваме екстаза во секој направен чекор, со една мала доза на напнатост.

Сепак, ќе можеме да најдеме патишта од скапоцени камења само на одредени места на небесата. Со други зборови, тие ќе претставуваат еден вид на награда и ќе се наоѓаат во и помеѓу куќите на оние луѓе кои што наликуваат на срцето на Господа и кои што особено придонеле во исполнувањето на провидението Божјо за човечката култивација. Ќе изгледа како дури и малите премини да се украсени со елегантните украси направени од материјалите со највисокиот квалитет, во еден кралски замок или палата.

Луѓето нема да се заморуваат ниту пак да им стане здодевно од нешто на небесата, туку засекогаш ќе сакаат сѐ, бидејќи тоа е духовен свет. Исто така, тие ќе чувствуваат уште повеќе радост и среќа бидејќи дури и во најмалите нешта ќе бидат вградени духовните значења, а љубовта и восхитувањето на луѓето соодветно со тоа ќе се зголемуваат.

Колку ли е убав и прекрасен Новиот Ерусалим! Тој е подготвен од Бога за неговите возљубени чеда. Дури и луѓето кои што ќе бидат во Рајот, во Првото, Второто и Третото Кралство Небесно, силно се радуваат и ќе ја чувствуваат благодарноста кога со покана ќе поминуваат низ бисерните порти на Новиот Ерусалим.

Можете ли да замислите колку повеќе чедата Божји би биле благодарни и радосни, земајќи го во предвид фактот дека пристигнале во Новиот Ерусалим, како резултат на верното следење на Господа, на вистинскиот пат?

Три Клуча За Да Се Влезе Во Градот Нов Ерусалим

Новиот Ерусалим е град во форма на коцка, со својата широчина, должина и висина во севкупен износ од 2,400 км. Градскиот ѕид има вкупно дванаесет порти и дванаесет камен темелници. Градскиот ѕид, дванаесетте порти, и дванаесетте камен темелници имаат духовни значења. Доколку ги разбереме овие значења и ги исполниме во нашите срца, ќе можеме да ги имаме духовните квалификации за да влеземе во Новиот Ерусалим. Во оваа смисла, овие духовни значења ги претставуваат клучевите потребни за да се влезе во Градот Нов Ерусалим.

Првиот клуч да влегувањето во Новиот Ерусалим е скриен во градскиот ѕид. Како што е запишано во Откровението 21:18, *„Материјалот за ѕидовите беше јаспис, а градот беше од чисто злато, како проѕирно* *стакло,"* градскиот ѕид е направен од јасписот, што духовно ја симболизира верата да му се угоди на Бога.

Верата е најсуштественото и најосновното нешто во Христијанскиот живот. Без верата ние не можеме да бидеме спасени и нема да можеме да му угодиме на Бога. За да влеземе во Градот Нов Ерусалим, мораме да ја имаме верата да му угодиме на Бога — петтото ниво на верата што всушност е највисокото ниво на верата. Затоа кажуваме дека првиот клуч е петтото ниво на верата — верата да му се угоди на Бога.

Вториот клуч се наоѓа во дванаесетте камен темелници. Збирот на духовните срца кои што се претставени од дванаесетте камен темелници ја претставува совршената љубов, а оваа совршена љубов всушност е вториот клуч за Новиот Ерусалим.

Дванаесетте темели се направени од дванаесете различни скапоцени камења. Секој скапоцен камен од дванаесетте камен темели го симболизира одредениот вид на духовното срце. Тоа се срцата на верата, чесноста, жртвувањето, праведноста, верноста, страста, милосрдието, трпеливоста, добрината, самоконтролата, чистотата и благоста. Кога ќе ги обединиме сите овие карактеристики, настанува срцето на Исуса Христа и на Богот Отецот, кој што е љубовта сама по себе. Како сумација на сето ова, вториот клуч да се оди во Новиот Ерусалим е совршената љубов.

Третиот клуч скриен во Градот Нов Ерусалим се всушност дванаесетте бисерни порти. Преку бисерот, Бог сака да ние разбереме како можеме да влеземе во Новиот Ерусалим. Бисерот се создава многу поинаку од другите скапоцености. Сето злато, сребро и скапоцените камења што ги сочинуваат 12 камен темелници, сите произлегуваат од земјата. Единствено бисерот се создава од живо суштество.

Најголем број од бисерите се создаваат преку бисерните остриги. Бисерната острига ја трпи болката и го излачува седефот, за да го создаде бисерот. На истиот начин, чедата Божји исто така треба да ја трпат болка сé додека повторно не се здобијат со образот Божји.

Богот Отецот сака да ги добие оние чеда кои што повторно не се извалкуваат себеси откако биле исчистени преку крвта на Исуса Христа, туку му угодуваат на Богот Отецот со нивната совршена вера. Поседувањето на ваквата совршена вера бара од нас да го имаме вистинското срце. Ние можеме да го имаме вистинското срце само тогаш кога ќе ги отстраниме сите гревови и зло од нашето срце и наместо тоа ќе го исполниме со љубовта и добрината.

Ова е причината зошто Бог ни допушта искушенија во верата, сé додека не се стекнеме со вистинското срце и совршената вера. Тој ни допушта да ги согледаме гревовите и злото во нашето срце во некои различни ситуации. Кога ќе си ги откриеме нашите гревови и зло, ќе ја почувствуваме болката во нашето срце. Сето тоа е слично како кога остриот натрапник ќе влезе во остригата и ќе и го пробие мекото ткиво. Исто како што бисернета острига го прекрива несаканиот натрапник, слој по слој со седеф, додајаќи ја така дебелината на бисерот, исто така кога одиме низ искушенијата со верата и седефот на нашето срце ќе стане подебел. Исто како што бисерната острига го создава бисерот, исто така и ние верниците треба да го создадеме духовниот бисер, за да можеме да отидеме во Новиот Ерусалим. Ова го претставува третиот клуч кој што ни е потребен, за да влеземе во Новиот Ерусалим.

Ви посакувам да и вие да ги разберете духовните значења вградени во градскиот ѕид на Новиот Ерусалим, на дванаесетте порти и на дванаесетте камен темелници, и да ги добиете трите клуча кои што ви се потребни за да влезете во Новиот Ерусалим, на тој начин што ќе ги стекнете духовните квалификации.

Глава 7

Восхитувачки Спектакл

1. Нема Потреба Од Сончевата Или Месечевата Светлина

2. Подигнувањето На Новиот Ерусалим

3. Живеејќи Засекогаш Со Господа Нашиот Младоженец

4. Славата На Жителите На Новиот Ерусалим

„Храм, пак не видов во него, бидејќи Господ Бог Седржителот и Агнецот се неговиот храм. И градот немаше потреба ни од сонце, ни од месечина за да светат во него, бидејќи Божјата слава го осветлуваше, а неговата ламба беше Агнецот. И спасените народи ќе одат во неговата светлина, и кралевите земни ќе ја принесат во него својата слава и чест. А портите негови нема да се заклучуваат дење, оти таму нема да има ноќ; а ќе ја принесат во него славата и честа на народите; и нема во него да влезе ништо нечисто, ни оној кој што врши работи гнасни и лаже, туку ќе влезат само оние, чии што имиња се запишани во Агнецовата книга на животот."

- Откровение 21:22-27 -

Апостолот Јован, кому Светиот Дух му го покажал Новиот Ерусалим, во детали го запишал изгледот на Градот, додека гледал кон него од едно повисоко место. Јован долго копнеел да ја види внатрешноста на Новиот Ерусалим па кога конечно ја видел внатрешноста на Градот, чија што глетка била толку убава, тоа го довело во една состојба на екстаза.

Доколку ние ги имавме квалификациите да влеземе во Новиот Ерусалим и да стоиме пред портата, ќе бевме во можност да ја видиме бисерната порта во форма на арка отворена, што сама по себе е преголема за ние да ги видиме краевите на истата.

Во тој момент, неискажливо убавите светлини од Градот Нов Ерусалим ќе излегуваат и ќе ги опкружуваат нашите тела. Ние ќе ја чувствуваме големата љубов Божја и нема да можеме да ги контролираме солзите кои што сами ќе ни се леат.

Чувствувајќи ја изобилната љубов на Богот Отецот кој што не заштитувал со Неговите огнени очи, милоста на Господа кој што ни простил преку Неговата крв на крстот и љубовта на Светиот Дух кој што живее во нашите срца, и кој што не водел да живееме во вистината, тогаш ние ќе ја изразуваме бесконечната слава и чест кон нив.

Ајде сега да ги разгледаме поединостите за Градот Нов Ерусалим, врз основа на наведеното од апостолот Јован.

1. Нема Потреба Од Сончевата Или Месечевата Светлина

Апостолот Јован, гледајќи ја сликата на внатрешноста на Новиот Ерусалим што бил исполнет со славата Божја, посведочил како што следи:

> И градот немаше потреба ни од сонце, ни од месечина за да светат во него, зашто Божјата слава го осветлуваше, а ламба му беше Агнецот (Откровение 21:23).

Новиот Ерусалим е исполнет со славата Божја бидејќи Самиот Господ Бог престојува и управува со Градот, и го претставува врвот на духовното кралство каде што Бог се претворил Себеси во Светото Тројство поради човечката култивација.

Славата Божја Сјае Во Новиот Ерусалим

Причината зошто Бог го создал сонцето и месечината за оваа земја била за да ние можеме да го спознаеме доброто и злото, да можеме да го разликуваме духовното од телесното преку светлината и темнината, и да можеме да живееме како вистинските чеда Божји. Тој знае сé за духот и телото и за доброто и злото, но човечките суштества не можат да ги сфатат тие нешта без човечката култивација, бидејќи тие се само созданија.

Кога првиот човек Адам бил во Градината Едемска, пред

почетокот на човечката култивација, тој не бил во ситуација да знае за злото, за смртта, за темнината, сиромаштијата или за болестите. Затоа тој не можел да го согледа вистинското значење и среќата на животот и да му биде благодарен на Бога, кој што му дал сé, иако неговиот живот тогаш бил навистина многу изобилен.

За да Адам ја осознае вистинската среќа, тој требало да ги пролее солзите, да тагува, да страда од болестите, болките и да ја искуси смртта, така да сето ова е всушност процесот на човечката култивација. Ве молам погледнете ја *Пораката на Крстот*, за повеќе поединости.

Кога Адам го извршил гревот на непочитувањето со чинот на јадењето од дрвото на познавањето на доброто и злото, бил истеран на оваа земја и ја осознал релативноста. Дури потоа тој бил во можност да сфати колку изобилен, среќен и убав бил неговиот живот во Градината Едемска и да му благодари на Бога, во неговото вистинито срце.

Неговите потомци исто така почнале да ја разликуваат светлината од темнината, духот од телото и доброто од злото, преку човечката култивација, додека ги искусувале разните видови на неволји. Затоа, штом еднаш ќе го примиме спасението и ќе отидеме на небесата, светлината на сонцето или на месечината, кои што биле потребни за човечката култивација, веќе нема да бидат неопходни.

Бидејќи и Самиот Бог престојува во Градот Нов Ерусалим, таму воопшто не постои темнината. Дури повеќе, светлината на Божјата слава најмногу сјае во Новиот Ерусалим; тогаш сосема природно, на Градот не му е потребно ниту сонцето ниту месечината, или пак ламби или светилки кои што би го осветлувале.

Агнецот Кој Што Е Ламбата На Новиот Ерусалим

Тука Јован не можел да види ништо што би оддавало светлина, како што е сонцето или месечината или пак некакви светилки. Сето тоа е така бидејќи Исус Христос кој што е Агнецот, е светлината на Градот Нов Ерусалим.

Бидејќи првиот човек Адам го сторил гревот на непочитувањето, човечкиот род морал да падне на патот на смртта (Римјани 6:23). Богот на љубовта го испратил Исуса на оваа земја, за да го разреши овој проблем на гревот. Исус, Синот Божји, кој што во тело дошол на оваа земја, ги исчистил нашите гревови преку пролевањето на Својата крв и станал првиот плод на воскресението, со кршењето на силата на смртта.

Како резултат на тоа, сите оние што го прифаќаат Исуса како нивниот личен Спасител, можат да го добијат животот и можат да земат учество во воскресението, да уживаат во вечниот живот на небесата и да ги добијат одговорите за она што ќе го посакаат тука на оваа земја. Понатаму, чедата Божји сега можат да станат светлината на светот преку нивното живеење во светлина, и да му ја оддадат слава на Бога, преку Исуса Христа. Со други зборови, на истиот начин на кој што светилката може да ја оддава светлината, светлината на славата Божја може да сјае посјајно преку Спасителот Исус.

2. Подигнувањето На Новиот Ерусалим

Кога од далеку ќе погледнеме кон Градот Нов Ерусалим, можеме да ги видиме убавите градби направени од многуте видови на скапоцени камења и злато, низ облаците на славата. Целиот Град изгледа како да е жив со преливањето на многуте видови на светлината: светлините што излегуваат од куќите направени од скапоцени камења; светлината на славата Божја; и светлината што излегува од ѕидовите направени од јаспис и чисто злато, во јасните и синкави бои.

Како воопшто можеме со зборови да ја изразиме емоцијата и возбудата при влегувањето во Новиот Ерусалим? Градот е толку убав, величествен и восхитувачки што е нешто вон нашата имагинација. Во центарот на Градот се наоѓа престолот Божји и изворот на Реката со Водата на Животот. Во близина на Божјиот престол се наоѓаат куќите на Илија, Енох, Авраам и Мојсеј, Марија Магдалена и на Девицата Марија, сите кои што беа многу сакани од Бога.

Замокот На Господа

Замокот на Господа се наоѓа надесно и подолу од престолот Божји, каде што Бог престојува за богослужбите или забавите во Градот Нов Ерусалим. Во замокот Господов има една голема зграда со златен покрив во центарот, а околу неа се распростираат во бескрај разните видови на згради. Таму има особено многу крстови на слава, опкружени со брилијантните светлини, над златните покриви во форма на купола. Тие не потсетуваат на фактот дека сме го примиле спасението и сме пристигнале на небесата поради тоа што Исус го има понесено крстот.

Големата зграда во центарот претставува една градба во форма на цилиндер, но бидејќи е украсена со многу внимателно обработените скапоцености, прекрасни светлини блескаат од секој скапоцен камен и со нивното мешање ги образуваат боите на виножитото. Ако се обидеме да го споредиме замокот Господов со било која од зградите изградена на земјата, тој најмногу наликува на Катедралата на Свети Василиј во Москва, Русија. Сепак стилот, материјалите и големината не може во никој случај да се споредат ниту со највеличествената зграда која што била проектирана или изградена на оваа земја.

Освен оваа зграда во центарот, има и многу други згради во замокот Господов. Богот Отецот Самиот ги обезбедил овие згради за да оние кои што имаат блиску врски во духот, можат да престојуваат со нивните сакани. Свртени кон замокот Господов, наредени се куќите на дванаесетте ученици. На предниот дел се наоѓаат куќите на Петар, Јован и Јаков, а куќите на другите ученици се наоѓаат позади нив. Она што е посебно да се напомене е дека има и места за Марија Магдалена и за Девицата Марија, да престојуваат во замокот Господов. Се разбира, овие места се со намена за да можат двете жени привремено да престојуваат кога ќе бидат поканети од Господа, а нивните лични места за живеење кои што се слични на замоци, се наоѓаат блиску до престолот Божји.

Замокот На Светиот Дух

Од левата страна и подолу од престолот Божји, се наоѓа замок на Светиот Дух. Овој гигантски замок ги претставува кротките и меките, налик на мајка, карактеристики на Светиот Дух, преку многу хармоничните згради со куполи, од различни големини.

Покривот на најголемата зграда во центарот на замокот е како едно големо парче на сард, кое што ја претставува страста. Околу оваа зграда тече Реката со Водата на Животот што доаѓа од престолот Божји и од замокот Господов.

Сите замоци во Новиот Ерусалим се огромни и величествени вон секоја мерка, но замоците на Господа и на Светиот Дух се особено величествени и убави. Нивната големина е поблиску до големината на еден град отколку на еден замок, и тие се изградени во еден посебен стил. Сето тоа е така, бидејќи за разлика од другите куќи што се изградени од ангелите, овие се изградени од Самиот Бог Отецот. Дури повеќе, исто како и замокот на Господа, така и куќите на оние кои што се соединети со Светиот Дух и го достигнале кралството Божјо во ерата на Светиот Дух, се убаво изградени околу замокот на Светиот Дух.

Големото Светилиште

Постојат многу згради кои што се градат околу замокот на Светиот Дух а таму се наоѓа и една особено величествена и голема зграда. Таа има округол покрив и дванаесет високи столбови, а има и дванаесет големи порти помеѓу столбовите.

Ова е Големото Светилиште направено во Градот Нов Ерусалим.

Сепак, Јован во Откровението 21:22 кажува, *„Храм, пак не видов во него, бидејќи Господ Бог Содржителот и Агнецот се неговиот храм."* Зошто Јован не можел да види некаков храм? Луѓето обично мислат дека на Бога му е потребно место да престојува, т.е. храм, исто како што и на нас ни е потребно место за живеење. Затоа на оваа земја, ние го обожуваме Него во светилишта, каде што се проповеда Словото Божјо.

Како што е објавено во Јован 1:1, *„Во почетокот беше Словото, и Словото беше со Бога, и Словото беше Бог,"* каде што е Словото, таму е и Бог; секое место каде се проповеда Словото е светилиште. Сепак Бог Лично престојува во Градот Нов Ерусалим, Бог кој што е самото Слово, и Господ кој што е едно со Бога, живеат во Градот Нов Ерусалим, така да не им е потребен некаков друг храм. Преку апостолот Јован, Бог ни кажува дека не е потребен некаков храм и дека Бог и Господ самите се храмот во Новиот Еруслим.

Тогаш, ни останува да се запрашаме, зошто Големото Светилиште кое што не постоело во времето на апостолот Јован, се гради денеска? Како што можеме да видиме во Делата на Светите Апостоли 17:24, *„Бог, кој што го создаде светот и сите нешта што се наоѓаат во него; бидејќи Тој е Господарот на небесата и на земјата, не пребива во храмовите изградени од човечката рака,"* Бог не пребива во некоја одредена градба, односно храм.

Слично на ова, иако престолот Божји се наоѓа на небесата, Тој сеуште сака да го изгради Големото Светилиште кое што ќе ја претставува Неговата слава; Големото Светилиште станува цврст доказ во прикажувањето на Божјата сила и слава, насекаде низ светот.

Денеска, постојат многу големи и величенствени згради тука на оваа земја. Луѓето вложуваат големи суми на пари и градат убави градби, за нивната сопствена слава и според нивните сопствени желби, но никој не го прави истото за Бога, кој што е навистина вреден за славење. Поради тоа, Бог сака да го изгради убавото и величествено Големо Светилиште, преку неговите чеда кои што го примиле Светиот Дух и станале осветени. Тој тогаш сака, да биде соодветно славен од луѓето од сите народи, преку ова светилиште (1 Летописи 22:6-16).

Слично на тоа, кога убавото Големо Светилиште ќе биде изградено онака како што сака Бог, сите луѓе и сите народи ќе го слават Бога, ќе се подготвуваат себеси како невестите на Господа, за да го примат Него. Затоа Бог го припремил Големото Светилиште како еден центар за покрстување, за да поведе безброј многу луѓе кон патот на спасението и да ги поведе кон Новиот Ерусалим, на крајот од времето. Доколку го реализираме ова провидение Божјо, го изградиме Големото Светилиште и му ја оддадеме славата на Бога, Тој тогаш ќе не награди според нашите дела и ќе го изгради истото Големо Светилиште и во Градот Нов Ерусалим.

Така да, кога луѓето ќе погледнат на Големото Светилиште кое што е направено од скапоценостите и златото, кои што не може да се споредат со никаквите земни материјали, тие кои што ќе отидат на небесата ќе бидат вечно благодарни за љубовта Божја, која што не поведе по патот на славата и благословите, преку човечката култивација.

Небесните Куќи Украсени Со Скапоцени Камења И Злато

Околу замокот на Светиот Дух се наоѓаат куќите украсени со многуте видови на скапоцени камења, а исто така има и многу куќи кои што сé уште се градат. Можеме да ги видиме многуте ангели како работат, ставајќи ги убавите скапоцени камења на разните места или пак чистејќи го просторот покрај куќите. На овој начин, Бог ги доделува наградите во согласност со делата на секој поединец и им ги става во нивните куќи.

Бог еднаш ми ги покажа куќите на две многу верни работнички на оваа црква. Една од нив беше изворот на големата сила за црквата, преку деноноќното молење за кралството Божјо, и нејзината куќа е изградена со аромата на молитвата и на издржливоста, и е украсена дури од влезот, со извонредните скапоцени камења.

Исто така, за да таа може да ги изразува нејзините грациозни карактеристики, има една маса во еден агол на градината, каде што таа може да пие чај со нејзините сакани. Има многу видови на мали цвеќиња со различни бои низ тревата во дворот. Ова го опишува само влезот и градината од куќата, на оваа личност. Можете ли да замислите колку повеличествена е главната зграда?

Другата куќа што ми ја покажа Бог, и припаѓа на една работничка која што се посвети себеси во евангелизацијата на луѓето од оваа земја, преку литературата. Можев да видам една од многуте соби во главната зграда. Таму имаше една маса, столица и свеќник кои што беа направени од злато, а во собата имаше и многу книги. Сето тоа беше направено за да таа биде наградена, а и како потсетување на нејзината работа во славењето на Бога, преку евангелизацијата низ литературата, бидејќи Бог знае дека таа многу ужива да чита.

Слично на ова, Бог не само што ги ни подготвува нашите небесни куќи, туку исто така ни дава и толку убави незамисливи нешта, што не можеме да ги замислиме, со намера да не награди поради тоа што сме се откажале и сме го напуштиле нашето световно задоволство на оваа земја, за потполно да се посветиме себеси во исполнувањето на кралството Божјо.

3. Живеејќи Засекогаш Со Господа Нашиот Младоженец

Во Градот Нов Ерусалим, постојано се одржуваат многу забави, вклучувајќи ги и оние што се одржуваат од Бога Отецот. Сето тоа е така, бидејќи оние кои што живеат во Новиот Ерусалим можат да ги поканат своите браќа и сестри кои што живеат по другите места на небесата.

Колку величествено и среќно би било доколку вие можете да живеете во Новиот Ерусалим и да бидете поканети од Господа да ја споделувате љубовта со Него и да присуствувате на тие пријатни забави!

Топлото Добредојде Во Замокот Господов

Кога луѓето во Новиот Ерусалим ќе бидат поканети од Господа, нивниот младоженец, тие ќе се украсуваат себеси како најубавите невести и со радосни срца ќе се собираат во замокот на Господа. Кога овие невести на Господа ќе пристигнат во Неговиот замок, два ангела на секоја страна од сјајната главна порта, учтиво ќе ги отпоздравуваат. Во тие моменти, миризбата од ѕидовите украсени со многуте скапоцености и цвеќиња ќе ги опкружуваат нивните тела, за да ја зголемат нивната радост.

По влегувањето низ главната порта, звукот на пофалбата што ја допира најдлабоката страна на духот, тивко ќе се слуша. Тогаш по слушањето на овој звук, мирот, среќата и благодарноста за љубовта Божја ќе ги преплави нивните срца, бидејќи тие ќе знаат дека Тој е оној кој што ги довел тука.

Додека тие ќе чекорат по златниот пат провиден како стаклото за да стигнат до главната зграда, тие ќе бидат придружувани од ангелите и ќе поминуваат покрај многу убавите згради и градини. Сè до пристигнувањето во главната зграда, нивните срца забрзано ќе чукаат од возбуда, поради средбата со Господа. Приближувајќи се поблиску до главната зграда, тие сега ќе можат да го видат Самиот Господ кој што ќе ги очекува да ги прими. Солзите ќе им го замаглуваат погледот, но тие ќе брзаат кон Господа, во најискрената желба да го видат Него макар и за секунда порано. Господ ќе ги очекува со Неговите широко отворени раце и со Неговото лице полно со љубов и благост, Тој ќе прегрнува секого од нив.

Господ ќе им кажува, „Дојдете, Мои прекрасни невести! Вие сте добредојдени!" Оние кои ќе бидат поканети ќе ја исповедаат нивната љубов на Неговите гради, кажувајќи, „Благодарен сум од дното на срцето поради тоа што ме покани!" Потоа ќе чекорат наоколу, фатени за раце со Господа, како паровите кои што се силно вљубени и ќе ги имаат прекрасните разговори за кои што копнееле да ги имаат уште додека биле на оваа земја. Од десната страна на главната зграда се наоѓа едно големо езеро и Господ ќе им ги објаснува во детали Неговите чувства и околности кои што биле во времето на Неговото свештенствување на земјата.

Езерото Кое Што Потсетува На Галилејското Море

Зошто ова езеро ќе ги потсетува на Галилејското Море? Бог го создал ова езеро како знак на сеќавање, бидејќи Господ го започнал и поминал голем дел од Неговото свештенствување покрај Галилејското Море (Матеј 4:23). Исаија 9:1 пишува, *„Но нема повеќе да постои темнината за неа што е во болка; во претходните времиња Тој ја третираше земјата Завулонова и земјата Нефталимова со презир, но подоцна Тој ќе ја направи славна, по патот на морето од другата страна на Јордан, Незнабожечката Галилеја."* Тука беше пророкувано дека Господ ќе го започне Неговото свештенствување покрај Галилејското Море и пророштвото се исполни.

Многу риби кои што ги оддаваат различните бои на светлината пливаат во ова големо езеро. Во Јован 21, воскреснатиот Господ му се појавил на Петра, кој што не уловил ниту една риба и му кажал, „*Фрлете ја мрежата од десната страна на коработ и ќе најдете*" (с. 6), и кога Петар се повинувал, тој фатил 153 риби. Во езерото во замокот на Господа исто така има 153 риби и ова е исто така во знак на сеќавање на свештенствувањето на Господа. Кога овие риби ќе скокаат низ воздухот и ќе изведуваат убави трикови, нивните бои ќе се менуваат на разни начини за да придонесат на радоста и на задоволството на поканетите.

Господ ќе чекори по ова езеро исто како што го правел тоа и по Галилејското Море на оваа земја. Тогаш, оние кои се поканети ќе стојат околу езерото во исполнетост и ќе копнеат да го слушнат говорот на Господа. Тој ќе ја објаснува во детали ситуацијата кога чекорел по Морето Галилејско, на оваа земја. Тогаш Петар, кој што за миг можел да чекори по водата на оваа земја, преку почитувањето на Словото Божјо, ќе се почувствува тажен бидејќи потонал во водата поради малата вера (Матеј 14:28-32).

Музеј Кој Што Го Прославува Свештенството На Господа

Посетувајќи ги различните места заедно со Господа, луѓето тогаш ќе помислат на времињата на нивната култивација на оваа земја и ќе бидат преплавени со љубовта на Отецот и Господа, кои што ги подготвиле небесата. Тие ќе пристигнат во музејот кој што се наоѓа на левата страна од главната зграда во замокот на Господа. Самиот Бог Отец го изградил овој музеј, во сеќавање на свештенствувањето на Господа на земјата, за да можат луѓето тука да видат и да го почувствуваат сето тоа како реалност. На пример, местото каде што Исус бил суден од Понтиј Пилат и Виа Долороса каде што Тој го носел крстот, сé до Голгота, се изградени на истиот начин. Кога луѓето ќе ги гледаат овие места, Господ во детали ќе им ги објаснува случувањата од тоа време.

Пред извесно време, по инспирацијата на Светиот Дух, јас дознав како Господ се исповедал во тоа време и јас би сакал да споделам нешто од тоа со вас. Тоа е исповедта на Господа која што го трогнува срцето, на Него кој што дошол на оваа земја откако се откажал од сета слава на небесата, и која што ја изустил додека чекорел кон Голгота со крстот.

Оче! Мој Оче!
Мој Оче, што си совршен во светлината,
Ти навистина сакаш сé!
Земјата по која чекорев
за прв пат со Тебе,
и луѓето,
уште од кога тие беа создадени,
никогаш не биле полоши ...

Сега сфаќам
зошто Ти ме испрати Мене тука,
зошто Ти допушти да ги издржам овие мачења
кои што доаѓаат од злите срца на луѓето,
и зошто Ти ми дозволи да дојдам овде долу
од славното место на небесата!
Сега јас може да ги почувствувам и сватам
сите овие нешта

во длабочините на Моето срце.

Но Оче!
Јас знам дека Ти ќе возобновиш сé
во Твојата правда и скриените тајни.
Оче!
Сите овие нешта се минливи.
Но поради славата
што Ти ќе ми ја дадеш Мене,
и патиштата на светлината
што Ти ќе ги отвориш за овие луѓе,
Оче,
Јас го земам овој крст со надеж и радост.

Оче, Јас можам да појдам по овој пат
бидејќи Јас верувам дека
Ти ќе го отвориш овој пат и светлина
со Твојата дозвола и во Твојата љубов,
и Ти ќе го осветлиш Твојот Син
со прекрасна светлина
кога сите нешта ќе завршат
наскоро.

Оче!
Земјата по која што чекорев е направена од злато,
патиштата по кои што чекорев исто така се од злато,
миризбата на цвеќињата што ја мирисав
не може да се спореди со
таа на оние од оваа земја,

материјалите на облеките
кои што ги носев
се исто така различни од овие,
а местото на кое што живеев е
многу величествено место.
И Јас би сакал овие луѓе
да го запознаат тоа убаво и мирно место.

Оче,
Јас го сфаќам секое делче од Твоето провидение.
Зошто Ти ме создаде Мене,
зошто Ти ми ја даде оваа должност,
и зошто Ти Ми допушти да се симнам тука
да зачекорам на гнилата земја,
и да ги читам мислите на злите луѓе.
Те фалам Тебе Оче
за Твојата љубов, величественост,
и за сите нешта кои што се беспрекорни.

Мој мил Оче!
Луѓето мислат дека Јас не се бранам Себеси,
дека тврдам дека сум кралот на Евреите.
Но Оче,
како тие можат да ги разберат сеќавањата
кои што течат од Моето срце,
љубовта за Отецот која што истекува од Моето срце,
љубовта за овој народ
што истекува од Моето срце?

Оче,
многу луѓе ќе ги сфатат и разберат
нештата што треба да се случат подоцна
преку Светиот Дух
што Ти ќе им го дадеш како дар
откако Јас веќе нема да бидам тука.
Поради оваа минлива болка,
Оче, не пролевај солзи
и не врти го Твоето лице од Мене.
Не допуштај Твоето срце да биде исполнето со болка,
Оче!

Оче, Те сакам!
Сé додека да Ме распнат,
да ја пролеам Мојата крв и да го испуштам последниот здив,
Оче, Мислам на сите нешта
и на срцата на овој народ.

Оче, немој да чувствуваш тага
туку биди прославуван преку Твојот Син,
а провидението за сите планови на Отецот
ќе бидат во потполност извршени засекогаш и секогаш.

Господ Исус ни објаснува што минувало низ Неговиот ум додека бил на крстот: славата на небесата; самиот како стои пред Отецот; народот; причината зошто Отецот морал да Му ја додели Нему таа должност, итн.

Оние кои што ќе бидат поканети во замокот Господов,

ќе ги леат своите солзи додека ќе го слушаат сето ова и ќе му благодарат на Господа низ солзи, затоа што страдал на крстот во нивното име, и ќе се исповедаат од дното на нивните срца, „Мој Господе, Ти си мојот вистински Спасител!"

Во сеќавањето на Господовите страдања, Бог направил многу патишта од скапоцени камења во замокот на Господа. Кога некој ќе чекори по патиштата изградени и украсени со многуте скапоцености во разни бои, светлината ќе станува сé посјајна и тој ќе се чувствува како да чекори по водата. Понатаму, во сеќавањето на распнувањето на крстот, за да се искупат човечките суштества од нивните гревови, Богот Отецот тука направил дрвен крст на кој што има размачкана крв. Исто така тука е и шталата од Витлеем во која што Господ бил роден, и таму има многу нешта, за да се види и почувствува свештенството на Господа како реалност. Кога луѓето ќе ги посетуваат овие места, тие ќе можат јасно да видат и да слушнат за делата на Господа, па така да тие ќе можат да ја почувствуваат љубовта на Господа и на Отецот во поголема мерка, и да им ја оддадат славата и благодарноста уште повеќе.

4. Славата На Жителите На Новиот Ерусалим

Новиот Ерусалим е најубавото место на небесата што им се доделува само на оние кои што го достигнале осветувањето во нивните срца и кои што биле верни во целиот Божји дом. Откровение 21:24-26 ни кажува каков вид на луѓе ќе ја добиваат славата да можат да влезат во Новиот Ерусалим:

> *Народите ќе одат по неговата светлина, и кралевите земни ќе му ја принесат нивната слава и чест. А дење (бидејќи ќе нема ноќ таму) портите негови никогаш нема да бидат заклучени; и ќе ја пренесат во него славата и честа на народите.*

Народите Ќе Одат По Неговата Светлина

Тука зборот, „народите" се однесува на сите луѓе кои што се спасени без оглед на нивното етничко потекло. Иако државјанствата на луѓето, расите и другите особености се разликуваат од една личност до друга, штом еднаш ќе бидат спасени преку Исуса Христа, тие сите ќе станат чеда Божји со жителство во кралството небесно.

Затоа фразата „народите ќе одат по неговата светлина" значи дека сите чеда Божји ќе одат по светлината на славата Божја. Сепак, не сите чеда Божји ќе ја имаат славата слободно да дојдат во Градот Нов Ерусалим. Сето тоа е така бидејќи оние кои што престојуваат во Рајот, Првото, Второто или Третото Кралство Небесно ќе можат да влезат во Новиот Ерусалим само врз основа на покана. Само оние кои што биле потполно осветени и биле верни во целиот Божји дом ќе можат да ја имаат често да се видат со Богот Отецот лице в лице, и да живеат засекогаш во Новиот Ерусалим.

Кралевите Земни Ќе Ја Донесат Својата Слава

Фразата „кралевите земни" се однесува на оние кои што биле духовни водачи тука на оваа земја. Тие сјаат исто како и дванаесетте скапоцени камења од дванаесетте темели на ѕидовите на Новиот Ерусалим и ги поседуваат квалификациите да можат постојано да живеат во Градот. Слично на тоа, оние кои што се признаени од Бога, кога ќе застанат пред Него, ќе донесат со себе прилози кои што ќе ги имаат подготвено со нивните полни срца. Кога велам „прилози" мислам сé со кое што тие ќе му ја оддадат слава на Бога, со нивните срца што се чисти и јасни како кристалот.

Затоа, „царевите земни ќе ја пренесат во него својата слава и чест" значи дека тие ќе ги подготват како прилози сите нешта со кои што страстно работеле за кралството Божјо и му ја оддддавале слава Нему, и ќе влезат во Новиот Ерусалим со нив.

Кралевите земни даваат прилози на кралевите што се повеличествени и кои што владеат со посилните народи, како начин да им ласкаат, но прилозите на Бога се даваат со благодарност, бидејќи Тој ги повел по патот на спасението и на вечниот живот. Бог со радост ги прима овие прилози и ги наградува со честа засекогаш да останат во Градот Нов Ерусалим.

Во Новиот Ерусалим, не постои темнината бидејќи Бог, кој Самиот е светлината, престојува таму. Бидејќи не постои ноќта, злото, смртта или крадците, навистина нема причина да се затворат портите на Новиот Ерусалим. Сепак, причината зошто Светото Писмо вели „ден" е бидејќи ние го имаме само ограниченото знаење и способност во потполност да ги разбереме небесата.

Пренесувањето На Славата И Честа На Народите

Тогаш, што е значењето на фразата „тие ќе ја пренесат славата и честа на народите"? „Тие" тука се однесува на сите оние кои што го примиле спасението, од сите народи на земјата, а „тие ќе ја донесат славата и честа на народите" значи дека овие луѓе ќе дојдат во Новиот Ерусалим со нештата со кои што му ја оддавале славата на Бога, додека го оддавале мирисот на Исуса Христа, тука на оваа земја.

Кога едно дете напорно учи и кога неговите оценки се подобруваат, тогаш тоа расте во очите на неговите родители. Родителите ќе бидат радосни поради тоа, бидејќи ќе бидат горди на трудољубивоста на нивното дете, дури и ако тоа можеби нема да ги добие сите најдобри оценки. На истиот начин, до степенот до кој што дејствуваме со верата за кралството Божјо на оваа земја, до тој степен ќе го оддаваме мирисот на Исуса Христа и ќе му оддаваме славата на Бога, а Тој ќе го прими сето тоа со радост.

Споменавме погоре дека „кралевите земни ќе ја пренесат во него својата слава", а причината зошто пишува „кралевите земни" е најпрво за да се прикаже духовниот ред или ранг, според кој луѓето ќе пристапуваат пред Бога.

Оние кои што се квалификувани за да престојуваат засекогаш во Новиот Ерусалим со славата како сонцето, први ќе пристапат пред Бога, следени од оние кои што се спасени од сите народи, со респективната слава. Мораме да сватиме дека доколку ги немаме квалификациите да живееме во Новиот Ерусалим засекогаш, ќе можеме да го посетуваме Градот само повремено.

Оние Кои Што Никогаш Нема Да Можат Да Влезат Во Новиот Ерусалим

Бог на љубовта сака секој да го прими спасението и секого го наградува со местото за живеење и со небесните награди во согласност со неговите или нејзините дела. Затоа оние кои што ги немаат квалификациите за да влезат во Новиот Ерусалим, ќе влезат во Третото, Второто или Првото Царство Небесно, или пак во Рајот, соодветно на нивната мерка на верата. Бог ќе одржува посебни забави и ќе ги поканува во Новиот Ерусалим за и тие да можат да уживаат во величественоста на Градот.

Сепак, можете да видите дека има луѓе кои што никогаш нема да можат да влезат во Новиот Ерусалим дури и ако Бог сака да им даде таа милост. Имено, оние кои што нема да го примат спасението, никогаш нема да ја видат славата на Новиот Ерусалим.

> *И ништо нечисто, и никој кој врши гнасни работи и кој што лаже, нема никогаш да влезе во него, туку ќе влезат само оние кои што се запишани во книгата на животот на Агнецот* (Откровение 21:27).

„Нечисто" тука се однесува на судењето и клеветењето

на другите луѓе и на притужбите во барањето на своите сопствени интереси и придобивки. Ваквиот вид на личност ја присвојува улогата на судија и ги обвинува другите луѓе според својата сопствена волја, наместо да ги разбере. „Гнасните работи" тука се однесува на сите дела што произлегуваат од гнасното срце на еден двосмислен начин. Бидејќи таквите луѓе имаат каприциозни и променливи срца и умови, тие се благодарни само кога ќе ги примат одговорите на нивните молитви, но наскоро пак ќе се жалат и тагуваат, доколку се соочат со искушенијата. Слично на тоа, оние кои што се со бесрамни срца ја мамат својата совест и не се колебаат да го сменат мислењето во потрага по нивните сопствени интереси.

„Лажливата" личност е онаа личност која што се лаже себеси и својата совест и ние мора да бидеме свесни дека таквиот вид на измама, ја претставува стапицата на Сатаната. Постојат некои лажливци кои што редовно лажат, но има и други кои што ја кажуваат лагата кога е тоа за доброто на другите, но Бог бара од нас да ги отфрлиме дури и таквите лаги. Има некои луѓе кои што им наштетуваат на другите луѓе преку изнесувањето на лажните сведоштва и таквите луѓе кои што ги мамат другите со зла намера, нема да бидат спасени. Понатаму, оние кои што го мамат Светиот Дух или пак мамат во Божјите дела, исто така се сметаат за „лажливци." Јуда Искариот, еден од дванаесетте апостоли на Исуса, бил одговорен за собраните прилози и продолжувал да мами во делата Божји со крадењето од касата и вршејќи и некои други гревови. Кога Сатаната најпосле влегол во него, тој го продал Исуса за триесет сребреници и бил вечно отфрлен.

Постојат некои луѓе кои кога ќе ги видат болните луѓе како се излекувани и како демоните се истерувани од страната на Светиот Дух во силата Божја, но сепак сеуште ги негираат тие дела и наместо тоа велат дека тоа се дела на Сатаната. Таквите луѓе нема да можат да влезат на небесата бидејќи хулат и зборуваат против Светиот Дух. Според гледиштето на Бога, ние не би требало никогаш да кажуваме лаги под никакви околности.

Оние Луѓе Чии Имиња Се Избришани Од Книгата На Животот

Кога сме спасени преку верата, нашите имиња се запишуваат во Книгата на Животот, на Агнецот (Откровение 3:5). Сепак, ова не значи дека секој што го прифатил Исуса Христа, ќе биде спасен. Ние всушност можеме да бидеме спасени само кога ќе дејствуваме во согласност со Словото Божјо и наликуваме на срцето на Господа, обрежувајќи ги нашите срца. Доколку сеуште дејствуваме во невистината дури и откако сме го примиле Исуса Христа, нашите имиња ќе бидат избришани од Книгата на Животот и на крајот нема дури ниту да го примиме и спасението.

Во врска со тоа, Откровението 22:14-15 ни кажува дека благословени се оние кои што си ги измиваат алиштата свои, а оние кои што не го прават тоа, нема да бидат спасени:

Благословени се оние, кои што си ги измиваат алиштата свои, за да го добијат правото на дрвото на животот и да влезат во Градот низ

> *портите. А надвор се кучињата, волшебниците, и неморалните личности, и убијците, и идолопоклониците и секој кој што сака и практикува да лаже.*

„Кучињата" тука се однесува на оние луѓе кои што одново и одново ја практикуваат невистина. Оние кои што нема да се одвратат од нивните зли дела туку продолжуваат да прават зло, никогаш нема да можат да бидат спасени. Тие наликуваат на кучето кое што се навраќа на своите блуваници и на свињата која што веднаш откако е измиена се навраќа на нејзиното валкање во калта. Сето тоа е така, бидејќи изгледа дека го имаат отфрлено злото, но тие пак ги повторуваат нивните зли дела и само изгледаат дека станале подобри, но всушност му се вратиле на злото.

Сепак, Бог ја препознава верата на оние луѓе кои што настојуваат да дејствуваат добро, иако сеуште не можат во потполност да го следат словото Божјо. На крајот таквите личности ќе бидат спасени, бидејќи тие сеуште се менуваат и затоа Бог ги смета нивните напори за вера.

„Волшебниците" се однесува на оние луѓе „кои што се занимаваат со магија." Тие дејствуваат на одвратен начин и прават да луѓето ги обожуваат лажните богови. Ова му е многу одвратно на Бога.

„Неморалните личности" извршуваат прељуба дури и ако тој/таа имаа сопруга или сопруг. Не постои само физичка прељуба туку исто така има и духовна прељуба, која што значи да љубиш нешто друго повеќе од Бога. Ако личноста која што јасно ќе го доживее живиот Бог и ќе ја согледа

Неговата љубов, сепак се насочи да сака други световни нешта, како што се пари или пак своето семејство, повеќе отколку што го љуби Бога, личноста тогаш извршува духовна прељуба и не е праведна пред Бога.

„Убијците" извршуваат физички или духовни убиства. Ако го знаете духовното значење на убиството, најверојатно нема толку храбро да кажете дека не сте убиле никого до сега. Духовно убиство е кога предизвикувате да чедата Божји згрешат и да го загубат духовниот живот (Матеј 18:7). Доколку им предизвикате некаква болка на луѓето, со нешто што е против вистината, тоа исто така е духовно убиство (Матеј 5:21-22).

Исто така, духовно убиство е и да се мрази, да се завидува и да се биде љубоморен, да се судат другите, да се обвинува, да се спори, да се лути, мами, лаже, да се биде конфликтен, да се клевети и да се биде без љубов и милост (Галатјани 5:19-21). Понекогаш, сепак, постојат некои луѓе кои што го губат тлото под нозете во нивното сопствено зло. На пример, доколку го напуштат Бога бидејќи се разочарани од некого во црквата, сето тоа е поради нивното сопствено зло. Доколку тие вистински верувале во Бога, тие никогаш не би го загубиле тлото под нозете.

Исто така, „идолопоклониците" се едно од нештата кои што Бог најмногу ги мрази. Во идолопоклонството, постои физичко идолопоклонство и духовно идолопоклонство. Физичкото идолопоклонство е правењето на безличен Бог како слика, и неговото обожување (Исаија 46:6-7). Духовното идолопоклонство е тоа кога сакате нешто друго повеќе од Бога. Доколку личноста ја љуби својата сопруга, односно сопругот или детето, повеќе отколку што тој/таа го љуби Бога, водена од своите сопствени желби, или пак ги прекршува Божјите заповеди преку сакањето на пари, слава или знаење, повеќе отколку што тој/таа го љуби Бога, сето тоа претставува духовно идолопоклонство.

Ваквите луѓе, без оглед колку многу може да извикуваат „Господи, Господи" и да одат во црква, не можат да бидат спасени и да влезат во небесата, бидејќи тие не го љубат Бога.

Затоа, доколку сте го прифатиле Исуса Христа, сте го примиле Светиот Дух како дар Божји и вашето име е запишано во книгата на животот на Агнецот, ве молам имајте на ум дека вие можете да влезете во небесата и да напредувате кон Новиот Ерусалим, само кога ќе дејствувате согласно со Словото Божјо.

Новиот Ерусалим е местото каде што можат да влезат само оние кои што се потполно осветени во нивните срца и верни во целиот Божји дом.

Од една страна, оние кои што влегуваат во Новиот Ерусалим можат да се сретнат со Бога лице в лице, да имаат прекрасни разговори со Господа и да уживаат во незамисливата чест и слава. Од друга страна пак, оние кои што престојуваат во Рајот, Првото, Второто или Третото Кралство Небесно ќе можат да го посетат Градот Нов Ерусалим само кога ќе бидат поканети на посебните забави, вклучувајќи ги и оние кои што ќе се одржуваат од страна на Богот Отецот.

Глава 8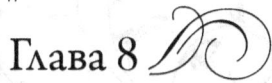

„Јас Го Видов Светиот Град, Новиот Ерусалим"

1. Небески Куќи Со Незамислива Големина
2. Величествен Замок Со Потполна Приватност
3. Туристички Места На Небесата

„Благословени сте вие, кога ќе ве навредуваат и прогонат, и кога лажно ќе говорат секакви зли нешта против вас поради Мене! Радувајте се и веселете се бидејќи вашата награда на небесата ќе биде голема! На истиот начин ги гонеа и пророците кои што беа пред вас."

- Матеј 5:11-12 -

Во Градот Нов Ерусалим, небесните куќи се изградени на тој начин, што луѓето чии што срца потполно наликуваат на срцето Божјо, ќе живеат подоцна во нив. Според вкусот на секој сопственик, тие се изградени од страна на архангелите и ангелите кои што се надлежни за изградбата, а Господ е надзорник. Ова е привилегијата во која што ќе можат да уживаат само оние кои што ќе влезат во Новиот Ерусалим. Понекогаш, Бог Самиот му дава заповед на архангелот да изгради куќа специјално наменета за некоја одредена личност, за да може да биде направена точно според желбите на сопственикот. Тој не ја заборава ниту едната солза која што неговите чеда ја пролеале за Неговото кралство и затоа ги наградува со прекрасните и скапоцени камења.

Како што гледаме во Матеј 11:12, Бог јасно ни кажува дека до оној степен до кој што победуваме во духовните битки и созреваме во верата, до тој степен ќе можеме да се здобиеме со поубаво место на небесата:

А од деновите на Јована Крстител па до сега, царството небесно насила се зема и силните насила го грабаат.

Богот на љубовта, во текот на многу години, не водел да силно напредуваме кон небесата, јасно покажувајќи ни ги небесните куќи на Новиот Ерусалим. Сето тоа е така, бидејќи многу блиску е враќањето на Господа, кој што отиде да ни подготви место за нас.

1. Небесни Куќи Со Незамислива Големина

Во Новиот Ерусалим, постојат многу убави куќи со незамислива големина. Меѓу нив, има една убава и величествена куќа изградена на еден голем простор. Во средиштето се наоѓа округол, голем и убав трокатен замок, а околу замокот има многу згради и нешта во кои што може да се ужива, видови на забавни содржини што може да се најдат во забавен парк и што го прават ова место да изгледа како светски позната туристичка атракција. Она што е особено зачудувачко е фактот дека оваа небесна куќа која што наликува на град, и припаѓа на една личност која што била култивирана тука на оваа земја!

Благословени Се Благите, Бидејќи Тие Ќе Ја Наследат Земјата

Доколку ги имаме финансиските можности тука на оваа земја, можме да си дозволиме да си купиме големо парче земја и да си изградиме прекрасна куќа, онака како што тоа го посакуваме. Сепак на небесата не можеме ниту да купиме земја, ниту пак да изградиме куќа без разлика на богатството кое што го имаме, бидејќи Бог ќе ни додели земја или куќи, во согласност со нашите дела.

Матеј 5:5 кажува, „*Благословени се благите, бидејќи тие ќе ја наследат земјата.*" Во зависност од степенот до кој што наликуваме на Господа и до кој што сме ја достигнале духовната кроткост на оваа земја, ние ќе можеме „да ја наследиме земјата" на небесата. Сето тоа е така бидејќи оној кој што е духовно кроток, може да ги прегрне сите луѓе и тие може да дојдат кај него и да најдат одмор и утеха. Тој ќе биде во мир со секого, во секакви ситуации, бидејќи неговото срце е меко и нежно како памукот.

Сепак, доколку правиме компромиси со светот и одиме против вистината, со цел да бидеме во мир со другите луѓе, ова воопшто не може да се смета за духовна кроткост. Оној кој што навистина е благ може, не само да прегрне многу луѓе со меко и топло срце, туку исто така да биде доволно силен и храбар да го ризикува дури и својот живот за вистината.

Ваквата личност може лесно да ги освои срцата на голем број на луѓе, да ги поведе по патот на спасението и до подоброто место на небесата, бидејќи ја има љубовта и нежноста. Затоа таквата личност ќе може да поседува голема куќа на небесата. Така да, куќата која што е опишана подолу во текстот, и припаѓа на навистина кроткатa личност.

Куќа Што Наликува На Град

Во средината на оваа куќа се наоѓа голем замок украсен со многу скапоцени камења и злато. Нејзиниот покрив е направен од тркалезно обликуваниот сард и многу силно сјае. Околу сјајниот, светол замок тече Реката со Водата на Животот која што извира од престолот на Бога, а многуте згради го прават да изгледа како метропола. Исто така, има и реквизити за возење како во некој забавен парк, украсени со злато и многу скапоцени камења.

Од едната страна на пространото земјиште се наоѓаат

шуми, рамнина и големо езеро, а од другата страна има големи ридови со многу видови на цвеќиња и водопади. Исто така, таму има и море по кое што плови и едри наоколу еден голем брод за крстарење како Титаник.

Ајде сега да направиме прошетка низ оваа прекрасна куќа. Има дванаесет порти на четирите страни, и ќе минеме низ главната порта од каде што ќе можеме да го видиме главниот замок во средината.

Главната порта е украсена со многу скапоцености и е чувана од два ангела. Тие се со мажествен изглед и изгледаат многу силно. Стојат без да трепкаат со очите и нивното очигледно достоинство ги прави да изгледаат многу непристапни.

Од двете страни на портата се наоѓаат округли и убави, големи столбови. Ѕидовите украсени со многу скапоцености и цвеќиња се чинат како да се бескрајни. Влегувајќи низ портата што автоматски се отвара, водени од ангели, вие ќе можете да го видите од далеку големиот замок со црвен покрив, кој што ќе ве осветлува со една прекрасна светлина.

Исто така, гледајќи во многуте куќи со различната големина, украсени со многу скапоцености, вие нема да можете а да не се почувствувате длабоко трогнати од љубовта на Бога, кој што ве наградува триесет, шеесет или сто пати повеќе од она што сте го направиле и сте го понудиле. Ќе чувствувате благодарност поради тоа што Тој го дал Неговиот еден и единствен Син, да не одведе по патот на спасението и вечниот живот. Како дополнение, Тој исто така подготвил за нас толку убави небесни куќи така да вашето срце ќе биде преплавено со благодарност и радост.

Исто така, бидејќи нежните, чисти и убави звуци на

пофалните песни ќе можат да се слушнат насекаде околу замокот, така што ќе посчувствувате дека еден неопислив мир и среќа го опфаќаат вашиот дух и ќе бидете исполнети со емоции:

Далеку во длабочините на мојот дух вечерва
Извира мелодија послатка од псалмот;
Како во небесни капки таа непрестано паѓа
Врз мојата душа како бескрајна смиреност.
Мир! Мир! Прекрасен мир
Кој што доаѓа од нашиот Небесен Отец!
Прелевај се врз мојот дух засекогаш, се молам,
Во несватливите бранови на љубовта.

Златни Патишта Како Провидно Стакло

Сега, ајде да тргнеме кон големиот замок во центарот, чекорејќи по златниот пат. Влегувајќи низ главниот влез, дрвјата од злато и скапоцености со вкусни скапоцени плодови ги поздравуваат посетителите од секоја страна на патот. Посетителите тогаш би набрале плод. Овошјето би им се топело во устата и би било толку вкусно што целото тело би станало исполнето со енергија и радост.

На секоја страна од златните патишта, цвеќиња со многуте бои и големини ќе ги поздравуваат и ќе им се поклонуваат на посетителите со нивната миризба. Позади нив има златна трева и многу видови на дрвја што ја исполнуваат убавата градина. Цвеќиња со убавите бои на виножитото изгледаат како да оддаваат светлина, и секое цвеќе ќе го оддава својот уникатен мирис. На некои од овие цвеќиња, инсектите како што се пеперутките во боите на виножитото ќе седат и разговараат едни со други. На дрвјата ќе висат многу вкусните плодови, меѓу нивните сјајни гранки и лисја. Многу видови на птици со пердувите во бојата на златото ќе седат на дрвјата и ќе пеат, за да ја направат околината навистина мирољубива и среќна. Ќе има исто така и некои животни кои што мирољубиво ќе се движат наоколу.

Облак Автомобил И Златна Кочија

Сега вие ќе стоите крај втората порта. Куќата е толку голема што таму се наоѓа и друга порта во рамките на главната порта. Пред вашите очи ќе се наоѓа еден широк простор што наликува на гаража во која што се паркирани многу облак автомобили и златната кочија, па вие ќе бидете воодушевени од оваа неверојатна сцена.

Златната кочија, украсена со големите дијаманти и скапоцености е наменета за сопственикот на оваа куќа и е еднoсед. Кога кочијата ќе се движи, таа ќе сјае како ѕвездата која што паѓа, поради толку многуте сјајни скапоцености а нејзината брзина ќе биде многу поголема отколку на облак автомобилот.

Облак автомобилот ќе биде опкружен со чистите бели облаци и со убавата светлина во разни бои, и ќе има четири тркала и крила. Возилото ќе се движи на тркала кога ќе оди по земен пат, а кога ќе лета, тркалата автоматски ќе се собираат и ќе се отвараат крилата, за да може да се движи и слободно да лета.

Колку ли е голем авторитетот и честа да се патува на многуте места на небесата, заедно со Господа, во облак автомобилите, придружувани од небесните сили и ангели? Бидејќи облак автомобилот и се дава на секоја личност која што влегува во Новиот Ерусалим, можете ли да замислите колку многу сопственикот на оваа куќа бил награден, бидејќи има бројни облак автомобили во неговата гаража?

Голем Замок Во Центарот

Кога ќе пристигнете во големиот и убав замок со облак автомобилот, ќе можете да видите една тросратна зграда со покрив од сард. Оваа зграда е толку голема што не може да се спореди со ниту една зграда на оваа земја. Се чини дека целиот замок полека ротира, оддавајќи прекрасни светлини, а таквите јасни светлини ќе прават замокот да изгледа како да е жив. Чистото злато и јасписот совршено оддаваат јасни и провидни златни светлини со синикава боја. Сепак нема да можете да гледате низ неа и ќе ви изгледа како некаква скулптура без никакви споеви. Ѕидовите и цвеќињата околу овие ѕидови ќе оддаваат прекрасни мириси, за да ја дополнат среќата и радоста што не може да биде изразена со зборови. Цвеќињата во различна големина ќе прават една прекрасна гледка и нивните различни форми и мириси ќе сочинуваат една извонредна комбинација.

Што тогаш е конкретната причина поради која што Бог го доделил толку големото парче земја и огромната, прекрасна куќа? Сето тоа е така, бидејќи Бог никогаш не пропушта, ниту заборава нешто што Неговите чеда го извршиле за

Неговото кралство и праведност, тука на оваа земја, и затоа изобилно ги наградува.

>Повторно и повторно се радувам
>во Мојот возљубен.
>Тој Ме љубеше толку многу
>што ми даде сé што имаше.
>Тој Ме сакаше повеќе од
>Неговите родители и браќа,
>Тој не ги штедеше неговите сопствени деца,
>и го сметаше својот живот за безвреден
>И го даде за Мене.
>
>Неговите очи секогаш беа фокусирани на Мене.
>Тој во потполност го слушаше Моето Слово.
>Тој единствено ја бараше Мојата слава.
>Тој беше само благодарен
>дури и кога беше под неправедно страдање.
>Дури и во прогон,
>во љубов тој се молеше за
>оние кои што го прогонуваа.
>Тој никогаш не заборави никого
>дури и ако тие го предадоа него.
>Тој ја извршуваше неговата должност со радост
>дури и кога имаше неподносливи страдања.
> Тој спаси многу души
>и потполно ја исполни Мојата волја,
>носејќи го Моето срце.

Бидејќи тој ја исполни Мојата волја
и Ме љубеше толку многу,
јас ја подготвив за него
оваа голема и извонредна куќа
во Новиот Ерусалим.

2. Величествен Замок Со Потполна Приватност

Како што можете да видите, постои еден допир Божји особено во куќите на оние кои што се силно љубени од Него. Така да, овие куќи ги имаат поинаквите нивоа на убавината и светлината на славата отколку другите куќи, дури и во рамките на Новиот Ерусалим.

Големиот замок во центарот е местото каде што сопственикот може да ужива во потполна приватност. Сето тоа е направено како надоместок за неговите дела и за неговите молитви низ солзи, во постигнувањето на кралството Божјо и поради фактот дека тој се грижел за душите дење и ноќе, без никаков приватен живот, во кој што можел да ужива.

Општата градба на овој замок се состои од главната куќа во центарот на замокот, а самиот замок има два слоја на ѕидови. Има дополнителен ѕид во средишниот дел помеѓу главната куќа во центарот и надворешниот ѕид. Така да, целиот замок е поделен на внатрешен замок и на надворешен замок, што се протегаат од главната куќа до централниот ѕид, и од централниот ѕид до надворешниот ѕид, соодветно.

Затоа, да се достигне главната куќа од овој замок, ние мораме да поминеме низ главната порта, а потоа и низ уште една порта во средишниот ѕид. На надворешниот ѕид има многу порти, и портата што е во линија со предниот дел од главната куќа е главната порта. Главната порта е украсена со различни скапоцени камења и ја чуваат два ангела. Двата ангела имаат мажествени лица и изгледаат многу силни. Тие не ги движат ниту очите кога се на стража и можеме да почувствуваме како од нив зрачи достоинство.

Од секоја страна на главната порта има големи цилиндрични столбови. Ѕидовите се украсени со скапоцени камења и цвеќиња и тие се толку долги што не може да им се види крајот. Водени од ангелите, ние ќе влеземе низ главната порта што се отвара автоматски, а брилијантните и убави светлини ќе не осветлуваат. Тука има и еден златен пат кој што е налик на кристал, и кој што се протега директно до главната порта.

Чекорејќи по златниот пат ќе пристигнеме до втората порта. Оваа порта е сместена во средниот ѕид што ги разделува внатрешниот замок и надворешниот замок. Минувајќи низ втората порта, ќе видиме едно место што наликува на некој огромен паркинг од земјата. Тука се паркирани бројните облак автомобили. Исто така тука е и златната кочија, помеѓу облак автомобилите.

Главната куќа на овој замок е толку голема што ги надминува по големина сите големи згради на земја. Тоа е троспратна зграда. Секој кат на зградата е со цилиндричен облик, а просторот на секој кат станува помал како што се искачувате од кат до кат. Покривот е како купола во форма на кромид.

Ѕидовите на главната куќа се направени од чисто злато и јаспис. Така синикавите светла и јасните и провидни златни светла, ќе ги оддаваат величествените светлини во една хармонија. Светлината е толку силна што изгледа како куќата да е жива и да се движи. Сета зграда оддава брилијантни светлини и изгледа како бавно да се врти.

Сега ајде да влеземе во овој голем замок!

Дванаесет Порти За Да Се Влезе Во Главната Куќа На Замокот

Оваа главна куќа има дванаесет порти, за да се влезе во неа. Бидејќи величината на главната куќа е толку голема, растојанието од едната порта до другата е прилично големо. Портите се со полукружна форма и секоја има врежано слика на клуч. Под сликата на клучот е запишано името на портата со небесно писмо. Овие букви се впишани со скапоцени камења и секоја порта е украсена со еден вид на скапоцен камен соодветно.

Под нив има објаснувања зошто секоја порта е така именувана. Богот Отецот има сумирано што сопственикот на оваа куќа направил на земјата и го изразил истото на дванаесетте порти.

Првата порта е 'Портата на Спасението'. Има објаснување за тоа како овој сопственик станал пастир за толку многу луѓе и како повел безброј души кон спасението, насекаде низ светот. Веднаш до Портата на Спасението се наоѓа

'Портата на Новиот Ерусалим.' Под името на портата се наоѓа објаснувањето дека сопствеиникот повел многу души во Новиот Ерусалим.

Понатаму, тука се 'Портите на Силата.' Прво, има четири порти за четирите нивоа на силата, а потоа, тука се Портата на Силата на Создавањето и Портата на Највисоката Сила на Создавањето. На овие порти има објаснувања за тоа како секој вид на сила излекувал многу луѓе и го прославил Бога.

Деветата е 'Портата на Откровението,' и на оваа порта има објаснување дека сопствеиникот примил многу Откровенија и јасно ја толкувал Библијата. Десеттата е 'Портата на Постигнувањата.' Тоа е да се одбележат постигнувањата како изградбата на Големото Светилиште.

Единаесеттата е 'Портата на Молитвата.' Оваа порта ни кажува за тоа како нејзиниот сопственик сиот свој живот се молел за да ја исполни волјата Божја со неговата љубов за Бога, и колку тој тагувал и се молел за душите.

Последната, дванаесеттата е портата со наслов 'Победа против непријателот ѓаволот и Сатаната.' На истата има објаснување дека сопствеиникот со верата и љубовта надминал сѐ, кога непријателот ѓаволот и Сатаната се обиделе да го повредат и да го фрлат во очајание.

"Јас Го Видов Светиот Град, Новиот Ерусалим"

Специјални Записи И Украсни Елементи На Ѕидовите

Ѕидовите, направени од чисто злато и јаспис, се полни со украсни елементи со резонантни записи и цртежи. Секој детал за прогоните и подбивањата со кои што тој се соочил за кралството Божјо, и сите дела со кои што тој го прославил Господа, тука се забележани. Она што е уште повеќе зачудувачки е дека Бог Самиот ги впишал записите во форма на поема и буквите оддаваат прекрасни и брилијантни светлини.

Доколку влезете во замокот откако ќе минете низ една од овие порти, вие ќе видите предмети што се многу поубави отколку она што го имате видено надвор. Светлините од скапоцените камења се преклопуваат два или три пати, за да направат сето тоа да изгледа толку величествено.

Записите за солзите на сопственикот, неговиот труд и настојувања на оваа земја се врежани на внатрешните ѕидови исто така, и оддаваат навистина совршени светлини. Времето на неговите најискрени целоноќни молитви за кралството Божјо и чистата арома на давањето на себе си, како понудениот пијалок за душите, се запишани во вид на поема и исто така оддаваат прекрасни светлини.

Сепак, Богот Отецот ги има сокриено најмногу од поединостите во записите, за да може Бог Самиот да му ги покаже на сопственикот кога ќе пристигне во ова место. Сето тоа е така, за да може Бог да го прими неговото срце кое што го слави Отецот, преку длабоките чувства и солзи, кога ќе му ги покаже тие записи кажувајќи му, „Јас го подготвив ова за тебе."

Дури и на овој свет, кога некого сакаат, луѓето постојано го пишуваат името на соодветната личност. Тие го запишуваат името во бележник или во дневници, на плажата или дури го врежуваат во дрвјата или го впишуваат во карпите. Тие не знаат како да ја изразат нивната љубов, па едноставно продолжуваат да го пишуваат името на личноста што ја љубат.

Така што, постои златен послужавник во форма на квадрат што има само три збора. Трите збора се: 'Отецот', 'Господ', и 'Јас'. Сопственикот на куќата не може да ја изрази неговата љубов за Отецот и за Господа со зборови. Тој го покажува неговото срце на овој начин.

Состаноци И Забави На Првиот Кат

Овој замок, најголем дел од времето не е отворен за другите лица, отворен е само во прилики кога тука се одржуваат забави или балови. Има многу голема сала во која што можат да се соберат голем број на луѓе и да се одржуваат забави. Таа исто така се користи и како место за состаноци, во кое сопственикот ја споделува љубовта и радоста, водејќи разговори со гостите.

Салата е тркалезна и толку голема што не можете да го видите едниот крај гледајќи од другиот крај. Подот е со нијанса на бела боја и е многу мазен. Има многу скапоцени камења и совршено сјае. Во средината на салата има троделен лустер кој што ја надополнува величественоста на просторијата, и има повеќе златни лустери со различни големини на страните на sидовите кои што ја дополнуваат убавината на салата. Исто така, во центарот на салата се наоѓа и една округла бина, а многу маси се сместени на повеќе нивоа околу бината. Оние кои што се поканети ќе си ги завземаат нивните места, според распоредот и ќе си водат пријатни разговори.

Сите украсувања во внатрешниот дел на зградата се направени според вкусот на сопственикот, а нивните светлини и форми се толку убави и нежни. Секој скапоцен камен во неа го содржи допирот Божји и претставува голема чест да се биде поканет на таквата забава која што ќе ја одржува сопственикот на оваа куќа.

Тајни Соби И Соби За Прием На Вториот Кат

На вториот кат на овој голем замок, постојат многу простории и секоја просторија содржи во себе една тајна, која што целосно ќе се разоткрие само на небесата, и што Бог му ја дава на сопственикот како награда за делата. Една просторија има безброј видови на круни, како во некој музеј. Многу круни се внимателно наредени вклучувајќи ја тука и златната круна, круната со златните украси, кристалната круна, бисерната круна, круната со цветните украси и многу други круни украсени со разни скапоцени камења. Ваквите круни секогаш се доделуваат кога сопственикот ќе го исполни кралството Божјо и ќе му оддаде слава на Бога тука на оваа земја, а нивната големина и форма, како и материјалите и украсите се сите различни, за да ја покажат разликата во честа. Исто така, има големи простории кои што служат како гардеробери за облека и служат да се чуваат украсите од скапоцените камења, а за нив со специјална грижа се грижат ангелите.

Исто така има и средена квадратна просторија, без многу украси, која што се нарекува „Собата за Молитва." Таа е доделена бидејќи сопственикот понудил навистина многу молитви на оваа земја. Понатаму, има просторија со неколку телевизиски екрани. Оваа просторија се нарекува „Собата на Агонијата и Тажењето" и тука сопственикот може да ги гледа сите нешта од неговиот земен живот кога и да посака. Бог го зачувал секој еден момент и случка од животот на сопственикот, бидејќи тој немерливо страдал додека ги извршувал делата Божји и свештенствувањето, и пролеал многу солзи за душите.

Исто така, постои и многу убаво украсено место за прием на пророците на вториот кат, во кое што сопственикот може со нив да ја споделува неговата љубов и да има пријатни разговори со нив. Тој може да се сретне со пророците како што е Илија, кој што се искачил на небесата со кочијата и огнените коњи, Енох кој што чекорел со Бога во текот на 300 години, Авраам кој што му угодил на Бога со верата, Мојсеј кој што бил покроток од било кој на оваа земја, најстрастниот апостол Павле и останатите и да ужива во разговорите со нив за нивните животи и за нештата што се случувале на земјата.

Третиот Кат Резервиран За Споделувањето На Љубовта Со Господа

Третиот кат на големиот замок е украсен особено чудесно

за да го пречека Господа и за да можат што подолго да се водат прекрасните разговори. Сето тоа му е дадено бидејќи сопственикот го сакал Господа повеќе од сé друго, и се обидел да направи слични на Неговите дела, преку читањето на Четирите Евангелија и служел и сакал секого, исто како што Господ им служел на Неговите ученици. Уште повеќе, тој се молел низ толку многу солзи за да поведе голем број на души по патот на спасението преку примањето на силата Божја, исто како што тоа и Господ го направил и всушност прикажал безброј докази за живиот Бог. Секогаш му протекувале солзи кога ќе помислел на Господа и во текот на многу ноќи тој не можел да заспие, бидејќи искрено му недостасувал Господ. Исто така, како што Господ се молел во текот на целата ноќ, исто и сопственикот се молел по цела ноќ многу пати и се трудел најдобро што може целосно да го исполни кралството Божјо.

Колку радосен и среќен ќе биде тој кога ќе може да се сретне со Господа, лице в лице и ќе ја сподели љубовта со Него во Новиот Ерусалим!

Можам да го видам мојот Господ!
Можам светлината од Неговите очи да ја ставам
во сопствените,
можам да ја ставам Неговата блага насмевка во
моето срце,
и сето ова е навистина голема радост за мене.

Мој Господе,
колку многу те сакам Тебе!

Ти имаш видено сé
и Ти знаеш сé.
Сега јас со голема радост
сум во можност да ја исповедам мојата љубов.
Те сакам, Господе.
Ти ми недостасуваше навистина многу.

Разговорите со Господа никогаш нема да станат здодевни или заморни.

Богот Отецот, ја примил оваа љубов и преубаво ја декорирал внатрешноста, украсите и скапоцените камења на третиот кат на оваа величествена куќа. Сеопфатноста и совршеноста не можат да бидат опишани, а нивото на светлината е навистина посебно. Исто така, можете да ја почувствувате правдата и особената љубов на Бога, кој што ве наградува според вашите дела, само преку погледнувањето на куќите на небесата.

3. Туристички Места На Небесата

Што друго може да се види околу големиот замок? Доколку се обидам да ја опишам оваа куќа која наликува на град до најситниот детал, тоа ќе биде повеќе од доволно да се напише една книга. Околу замокот се наоѓа градина и многу згради кои што се убаво украсени и подредени во хармонија. Таквите капацитети како што е базенот, забавниот парк, малите куќички и концертната сала ја прават оваа куќа да изгледа како главна туристичка атракција.

Бог Наградува Во Согласност Со Делата На Личноста

Причината зошто сопственикот може да ја има ваквата куќа со толку многуте придружни објекти, лежи во тоа што тој го посветил сето негово тело, ум, време и пари на Бога, додека бил тука на оваа земја. Бог го наградува за сѐ што сторил за кралството Божјо вклучувајќи го тука и водењето на големиот број на души по патот на спасението и градењето на црквата Божја. Бог е повеќе од способен не само да ни го даде она што го бараме, туку исто така да ни го даде и она што го посакуваме во нашите срца. Можеме да видиме дека Бог може да проектира посовршено и поубаво отколку било кој извонреден архитект или градски архитект на земјата, и го покажува единството и различноста во исто време.

На оваа земја, ние можеме да поседуваме сѐ што ќе посакаме, во најголемиот дел од времето, доколку за тоа имаме доволно пари. На небесата, сепак, тоа не е случај. Куќата во која ќе се живее, облеката, скапоцените камења, круните, па дури и ангелите што ќе служат, не можат да бидат најмени или купени, туку ќе се доделуваат само според мерката на верата на личноста и според неговата верност на кралството Божјо.

Како што можеме да видиме во Евреите 8:5, *„(Оние) кои што им служат на копиите и на сенката на небесните работи, како што беше предупреден и Мојсеј од страната на Бога, кога сакаше да ја довршти Скинијата,"* овој свет ја претставува сенката на небесата и најголемиот дел од животните, растенијата и остатокот од природата можат да се најдат и на небесата исто така. Тие таму се многу поубави од истите на земјата.

Ајде сега да ги истражиме градините исполнети со многуте цвеќина и растенија.

Места За Богослужба И Големото Светилиште

Подолу низ замокот во центарот, има многу големо внатрешно дворите, каде што многуте цвеќиња и дрвја прават една прекрасна глетка. На секоја страна од замокот има големи места за богослужба, во кои што луѓето можат, од време на време да го прославуваат Бога, преку пофалните песни. Оваа небесна куќа, која што е незамисливо голема, е нешто налик на некоја позната туристичка атракција, опремена со толку многу капацитети и бидејќи е потребно долго време за луѓето да ја разгледаат куќата, таму има места за богослужба во кои што тие ќе можат да се одморат.

Богослужбата на небесата е потполно различна од онаа на која што сме навикнати тука на оваа земја. Ние тука нема да бидеме врзани со формалности, туку ќе можеме да го славите Бога преку нови песни. Доколку пееме за славата на Отецот и за љубовта на Господа, ние ќе можеме да се освежиме, примајќи ја полнотијата на Светиот Дух. Тогаш ние ќе ги имаме подлабоките чувства во нашите срца и ќе бидеме исполнети со благодарност и радост.

Како дополнение на овие светилишта, овој замок ја има зградата која што го има потполно истиот облик како одреденото светилиште кое што постоело тука на земјата. Додека бил на земјата, сопственикот на овој замок ја примил задачата од Богот Отецот, да изгради едно огромно и величествено светилиште, а исто такво светилиште е исто така изградено и во Новиот Ерусалим.

Исто како и Давид во Стариот Завет, сопственикот на овој замок, копнеел за храмот Божји. Постојат многу згради на светот, но навистина не постои некоја зграда која што ќе ја покажува честа и славата на Бога. Тој секогаш се чуствувал многу жално поради овој факт.

Тој ја имал навистина големата страст да изгради едно светилиште кое што ќе биде наменето само на Бога Создателот. Богот Отецот го прифатил ова копнежливо срце и му ги објаснил во прецизни детали обликот, големината, украсите, па дури и внатрешната структура на светилиштето. Сето тоа било едноставно неверојатно според човечката мисла, но тој дејствувал само со верата, надежта и љубовта; и најпосле Големото Светилиште било изградено.

Ова Големо Светилиште не претставува само една зграда која што е огромна и величествена. Тоа претставува кристалоид на солзите од енергијата на оние верници кои што навистина го сакаат Бога. За да може ова светилиште да биде изградено, богатствата на светот треба да бидат корисно искористени. Срцата на водачите на народите, мораше да бидат подвижени. А за да се направи тоа, она што најмногу беше потребно, беа моќните дела Божји кои што ја надминуваат човечката имагинација.

Сопственикот на овој замок, самиот има надминато исклучително тешки духовни битки, за да го прими таквиот вид на сила. Тој верувал во Бога, кој што ги правел невозможните нешта возможни, само преку добрината, љубовта и покорноста. Тој постојано се молел и како резултат на тоа, го изградил Големото Светилиште што било радосно прифатено од Бога.

Богот Отецот знаејќи ги сите овие нешта, исто така ја изградил копијата на ова Големо Светилиште, во замокот наменет за оваа личност, на небесата. Секако Големото Светилиште на небесата е изградено од златото и скапоцените камења, кои што се поубави од материјалите на земјата и се вон секоја споредба со нив, иако обликот е истиот.

Концертна Сала Налик На Оперската Куќа Во Сиднеј

Во овој замок, има сала за концерти која што наликува на Оперската Куќа во Сиднеј, Австралија. Постои одредена причина поради која Богот Отецот ја изградил таквата концертна сала во овој замок. Кога сопственикот на овој замок бил на земјата тој организирал многу тимови за изведби, кои што го разбирале срцето на Бога и кои што се воодушевувале во пофалбите. И тој силно го славел Богот Отецот преку убавите и грациозни Христијански уметнички изведби.

Тоа не претставувало само еден надворешен изглед, вештини и техники. Тој ги водел уметниците преку еден духовен начин, за да можат тие да го слават Бога, со вистинската љубов, од длабочините на нивните срца. Тој подигнал многу изведувачи кои што можеле да му понудат пофални песни на Бога, кои што Бог навистина можел да ги прифати. Поради сето ова Богот Отецот ја изградил во овој замок прекрасната сала за изведувачки уметности, па така што овие изведувачи ќе можат да бидат во можност слободно да ги прикажат нивните вештини, онолку колку што ќе посакаат.

Големото езеро се протега спред оваа зграда, па се добива впечаток дека зградата плови по водата. Кога фонтаните високо ќе ја исфрлаат водата од езерото, водените капки ќе паѓаат оддавајќи ја светлината како скапоцен камен. Концертната сала ја има прекрасната сцена украсена со многуте видови на скапоцености и исто така има и многу простор за публиката. Тука ангелите ќе изведуваат претстави, облечени во прекрасни костими.

Овие ангели изведувачи ќе танцуваат во фустани кои што ќе ја одразуваат светлината врз сјајните и прозирни, налик на скапоцен камен, крилја на самовилски коњчиња. Секое од нивните движења ќе биде потполно совршено и прекрасно. Таму има исто така и ангели кои што ќе пеат и свират на музички инструменти. Тие ќе свират толку убави и милозвучни мелодии со софистицирани вештини и техники.

Но иако вештините на ангелите се толку добри, аромата од пофалните песни и танцувањето ќе биде многу поразлична од таа, на чедата Божји. Чедата Божји ја имаат длабоката љубов и благодарност кон Бога, во нивните срца. Од срцето кое што било претворено во убавото срце, преку човечката култивација, ќе произлегува аромата што ќе може да го трогне Богот Отецот.

Овие чеда Божји кои што ја имаат должноста да го слават Бога тука на земјата, ќе ги имаат многуте шанси за да го величаат Бога преку нивните пофалби, на небесата исто така. Ако водачот на групата за пофалби отиде во Новиот Ерусалим, тој/таа ќе може да настапува во оваа сала за изведувачки уметности, која што ќе изгледа како Оперска Куќа. И настапите кои што ќе се изведуваат на ова место понекогаш ќе се емитуваат во живо, во сите места на небесното кралство. Затоа да се застане дури и само еднаш на сцената во оваа сала, ќе претставува многу голема чест.

Мост Од Облаци Во Боите На Виножитото

Реката со Водата на Животот што сјае со сребрена светлина тече насекаде низ замокот и го опкружува замокот. Таа извира од престолот на Бога и тече околу замоците на Господа и на Светиот Дух, Новиот Ерусалим, Третото, Второто, Првото Кралство Небесно, Рајот и потоа се враќа кон престолот Божји.

Луѓето зборуваат со рибите кои што ги имаат прекрасните бои, додека седат на златниот и сребрениот песок на секоја страна од Реката со Водата на Животот. Има златни клупи на секоја страна од Реката и околу нив се наоѓаат дрвјата на животот. Седејќи на златните клупи и гледајќи кон примамливите плодови, доколку само помислите, 'Ах, овие плодови изгледаат толку вкусно,' ангелите што послужуваат ќе ви ги донесат плодовите во цветна кошничка и љубезно ќе ви ги предадат.

Исто така има и убави облак мостови со форма на арка над Реката со Водата на Животот. Чекорејќи по облак мостот кој е со боите на виножитото и гледајќи ја Реката што тече бавно под вас, вие ќе се чувствувате толку прекрасно како да летате на небото или како да чекорите по водата.

Кога ќе ја преминете Реката со Водата на Животот таму ќе се наоѓа надворешното двориште со многуте видови на цвеќиња и златниот тревник, а тука ќе се чувствувате малку поразлично отколку што ќе се чувствувавте во внатрешното двориште.

Забавен Парк И Цветен Пат

Поминувајќи го облак мостот, ќе видите забавен парк кој што има многу видови на реквизити кои што никогаш дотогаш не сте ги виделе, за кои никогаш не сте слушнале, ниту пак сте ги замислиле; дури и најдобрите забавни паркови на овој свет како што е Дизниленд, не можат да се споредат со овој забавен парк. Возовите направени од кристал ќе се движат низ паркот, а ќе го видите и пиратскиот брод со злато и многу скапоцености, кој ќе се движи назад и напред, ќе видите и карусел кој што се движи во весел ритам и една голема брза железница, што ќе се движи восхитувајќи ги патниците. Кога и да се придвижат овие возила украсени со многу драгоцености, тие ќе оддаваат повеќе сјајни светлини и со самото присуство таму, вие ќе бидете опфатени со возбудата на фестивалот.

Од едната страна од надворешното двориште, ќе се наоѓа бескраен цветен пат, и целиот тој пат ќе биде покриен со цвеќиња, па така што вие ќе можете да чекорите врз самите цвеќиња. Небесното тело е толку лесно што вие не можете да ја почувствувате тежината и цвеќињата нема да бидат изгазени дури и ако чекорите врз нив. Кога ќе чекорите по широкиот цветен пат, мирисајќи ги таквите нежни мириси на цвеќињата, цвеќињата ќе ги затвараат нивните листови како да се срамежливи и потоа ќе прават бранови, широко отворајќи ги листињата. Ова ќе претставува едно посебно добредојде и поздрав. Во бајките, цвеќињата ги имаат своите сопствени лица и можат да разговараат и токму таква е и ситуацијата на небесата.

Вие ќе бидете во потполност исполнети со радоста кога ќе чекорите по цвеќињата и ќе уживате во нивните мириси, а цвеќињата ќе се чувствуваат среќно и ќе ви благодарат бидејќи чекорите по нив. Кога нежно ќе зачекорите врз нив, тие ќе оддаваат дури и повеќе миризба. Секое цвеќе ќе си има своја различна миризба и мирисите ќе се мешаат на различен начин во секоја прилика, за да можете секој пат кога ќе чекорите по нив, да доживеете различни чувства. Цветните патишта се наоѓаат на повеќе места, како една убава слика, за да ја надополнат убавината на оваа небесна куќа. Исто така, куќата на оваа личност е огромна и очигледно безгранична и ги содржи сите видови на придружни капацитети.

Голема Рамнина На Која Животните Мирно Си Играат

Над цветните патишта се наоѓа една голема, широка рамнина и многуте видови на животни кои што можевте да ги видите тука на оваа земја, ќе се наоѓаат таму исто така. Се разбира, вие ќе можете да ги видите и многуте други животни на некои други места, и ќе ги има речиси сите видови на животни тука, со исклучок на оние кои што застанале против Бога, како што се змејовите. Гледката пред вашите очи ќе ве потсетува на една широка савана во Африка, а овие животни нема да ги напуштаат нивните области, иако нема да постои никаква ограда и слободно ќе се забавуваат. Тие ќе бидат поголеми од животните на оваа земја и ќе имаат појасни бои кои што посјајно ќе сјаат. Законот на џунглата нема да се применува тука.

Сите животни ќе бидат питоми; дури и лавовите, наречени краловите на ѕверовите, воопшто нема да бидат агресивни, туку ќе бидат многу питоми и нивните златни крзна ќе бидат толку прекрасни. Исто така, на небесата вие ќе можете слободно да разговарате со животните. Само замислете го уживањето во убавината на раскошната природа, движејќи се по широката рамнина јавајќи ги лавовите или слоновите. Ова не е нешто што може да се најде само во бајките туку е привилегија која им е дадена на оние кои што се спасени и кои што ги поседуваат небесата.

Приватни Куќички И Златна столица за одмор

Бидејќи куќата на оваа личност е како главна туристичка атракција на небесата, која што служи за задоволството на многумина, Бог му дал на сопственикот една куќичка, исклучиво за негова лична употреба. Оваа куќичка е сместена на мал рид со прекрасен поглед и има убави украси. Тука нема да може било кој да влезе, бидејќи таа ќе биде наменета за лична употреба. Сопственикот тука ќе се одмара или ќе ја користи за прием на пророците како што се Илија, Енох,

Авраам и Мојсеј.

Исто така, има уште една куќичка направена од кристал, и за разлика од другите згради, таа е многу провидна и јасна. Сепак, вие нема да можете да ја видите внатрешноста од надвор и влезот ќе биде непристапен. На покривот на оваа кристална куќичка ќе се наоѓа една златна столица која што ќе ротира. Кога сопственикот ќе седне тука, тој ќе може да ја види сета куќа, во еден миг, вон времето и просторот. Бог ја создал посебно за сопственикот, за да може тој да ја почувствува радоста, гледајќи во многуте луѓе кои што ја посетуваат неговата куќа, или пак едноставно да се одмара.

Ридот На Сеќавањето И Патот На Длабокото Размислување

Патот на длабокото размислување каде што дрвјата на животот стојат на секоја од страните, ќе биде толку мирен, како да таму застанало времето. Кога сопственикот ќе направи еден чекор, мирот ќе излезе од дното на неговото срце и тој ќе се сеќава на нештата од оваа земја. Доколку размислува за сонцето, месечината и ѕвездите, еден тркалезен слој кој што ќе биде како екран, ќе биде поставен над неговата глава, и сонцето, месечината и ѕвездите ќе му се појават. На небесата нема потреба од светлината на сонцето, месечината и на ѕвездите, бидејќи целото место ќе биде опкружено со Божјата светлина на славата, слојот ќе биде посебно обезбеден за него, за да може да размислува за нештата кои што постојат на оваа земја.

Исто така, таму ќе биде и местото кое што ќе биде

наречено ридот на сеќавањата, и тоа ќе формира едно големо село. Ова ќе биде местото каде што сопственикот ќе може да го разгледува својот живот на оваа земја. Куќата во која што тој е роден, училиштата кои што ги посетувал, градовите и местата во кои што живеел, местата на кои што се соочувал со искушенијата, местото каде што за прв пат се сретнал со Бога, и светилиштата кои што ги изградил откако станал свештеник, ќе бидат сите направени тука, по еден хронолошки редослед.

Иако материјалите очигледно ќе бидат различни од оние на оваа земја, нештата од неговиот земен живот ќе бидат прецизно пресликани, за да можат луѓето јасно да ги почувствуваат трагите од неговиот земен живот. Колку ли извонредна и совршена е љубовата Божја!

Водопади И Море Со Острови

Како што ќе продолжите да чекорите по патот на сеќавањето, вие ќе можете да слушнете еден гласен и чист звук кој што ќе доаѓа од далеку. Тоа ќе биде звукот на водопадот кој што ќе биде со многу бои. Кога водопадот ќе го подига водениот спреј, прекрасните скапоцености на дното од водопадот ќе сјаат со прекрасни светлини. Ова ќе биде толку величествена гледка да се види, голем тек на вода што паѓа надолу од врвот во три нивоа, и ќе се влева во Реката со Водата на Животот. Таму ќе има скапоцености кои што ќе блескаат со двојни или тројни светлини на двете страни од водопадот, и ќе ги оддаваат особено неверојатните светлини, заедно со водената прашина од водата. Вие ќе можете да се почувствувате освежени и исполнети со енергија со самото погледнување кон нив.

Исто така ќе има и еден павиљон на врвот од водопадот, на кој што луѓето ќе можат да уживаат во прекрасната гletka, или пак да се одмараат. Вие ќе можете да ја видите небесната куќа во целата нејзината севкупност, а глетката ќе биде толку многу извонредна и убава што таа нема да може да биде соодветно опишана преку зборови.

Ќе има и едно големо море позади замокот и таму ќе бидат распослани и острови со различна големина во него. Чистата и јасна морска вода ќе сјае, како скапоцените камења да се истурени врз водата. Исто така ќе биде толку убаво да ги видите рибите како пливаат во чистото море, и на изненадување на некои луѓе, многу убави куќи со зелената како жад боја, ќе бидат изградени под морето. На оваа земја, дури и најбогатите луѓе не може да имаат куќа под морето.

Сепак, бидејќи небесата се во четиридимензионалниот свет во кој што сè е можно, ќе има безброј нешта кои што не можеме да ги разбереме, или да замислиме дека постојат.

Гигантски Брод За Крстарење Како Титаник И Кристален Брод

Островите во морето ќе ги имаат многуте видови на диви цвеќиња, на птиците кои што ќе пеат и на скапоцените камења, за да ги дополнат прекрасните глетки. Тука ќе се одржуваат натпревари во веслање со кајак или сурфање за да се привлечат многу небесни граѓани. Таму ќе се наоѓа брод сличен на Титаник на нежно разбрануваното море и пловниот објект ќе ги содржи многуте видови на капацитети како што ќе бидат базените, театрите и салите за забава, исто така. Доколку сте на провидниот брод кој што ќе биде целосно направен од кристал, вие ќе почувствувате како да чекорите по морето и ќе можете да ја почувствувате убавината на подводниот свет во подморницата со форма на рагби топка.

Колку весело би било да можете да бидете на брод сличен на Титаник, на кристалниот брод, или пак во подморницата во форма на рагби топката, во ова прекрасно место и да поминете тука барем еден ден! Сепак, бидејќи небесата претставуваат вечно место, вие ќе можете засекогаш да уживате во сите овие нешта, само ако ги имате квалификациите да влезете во Новиот Ерусалим.

Многу Спортски, Рекреативни Капацитети

Исто така ќе има и спортски и рекреативни капацитети како што се терените за голф, кугланите, базените, тениските игралишта, одбојкарските игралишта, кошаркарските игралишта итн. Тие биле дадени како награди, бидејќи сопственикот можел да ужива во овие спортови на оваа земја, но не го направил тоа поради кралството Божјо и го поминал сето негово време, посветено само на Бога.

Во кугланата, што ќе биде направена од злато и скапоцени камења во форма на кегла, топките и кеглите ќе бидат направени од златото и скапоценостите. Луѓето ќе играат во групи од тројца до петмина, и ќе си поминуваат пријатно време, храбрејќи се еден со друг. Топката ќе изгледа дека не тежи толку многу, за разлика од таквите на земјата, па така силно ќе се тркала по патеката дури и ако нежно ја потурнете. Кога таа ќе ги удира кеглите, ќе се гледаат совршените светлини, а исто така ќе се слуша и чист и убав звук.

На терените за голф изградени на златните тревници, тревникот автоматски ќе се спушта за топчето да се тркала во текот на игрите. Кога тревникот ќе биде нареден како домино, ќе изгледа како златен бран. Во Новиот Ерусалим, дури и тревникот ќе му се покорува на срцето на неговиот господар. Понатаму, откако топчето ќе влезе, едно парче облак веднаш ќе дојде до стапалата на господарот и ќе го префрли господарот, на друг терен. Колку ли прекрасно и извонредно ќе биде сето ова!

Луѓето ќе имаат многу забава и во базенот, исто така. Бидејќи никој не може да се удави на небесата, дури и оние кои што не знаат да пливаат на оваа земја, ќе можат многу вешто да пливаат. Дури повеќе, водата нема да ги натопува облеките туку ќе се лизга по нив како росата по листот. Луѓето ќе можат да уживаат во пливањето во било кое време бидејќи ќе можат да пливаат со облеката на нив.

Езера Во Многу Големини И Фонтани Во Градините

Во големата, пространа небесна куќа ќе има многу езера со различни големини. Кога рибите во разните бои во езерата ќе си ги движат нивните перки како да танцуваат, за да им угодат на чедата Божји, сето тоа ќе изгледа како да тие на глас ја исповедаат нивната љубов. Вие исто така ќе можете да видите како рибите си ги менуваат нивните бои. Рибите што ќе ги движат нивните сребреникави перки одеднаш ќе можат да си ја променат нивната боја во бисерна.

Ќе има бројни градини и секоја градина ќе има различно име во согласност со својата единствена убавина и карактеристики. Убавината не може ефективно да се пренесе бидејќи Божјиот допир може да се забележи дури и кај секој еден лист.

Фонтаните ќе бидат исто така различни во согласност со особеностите на секоја градина. Воглавно, фонтаните прскаат вода, но тука има фонтани кои што испуштаат многу убави бои или мириси. Тука постојат некои нови и скапоцени мириси кои што не можете да ги почувствувате на оваа земја, како што е мирисот на издржливоста кој што можете да го почувствувате од бисерот, мирисот на настојувањето и страста на сардот, мирисот на саможртвувањето или на верноста и многу други. Во централниот дел на фонтаната кој што е издигнат, има записи или цртежи кои што ги објаснуваат значењата на секоја фонтана и опишуваат зошто истата е создадена.

Понатаму, постојат и многу други згради и посебни места во оваа куќа што наликува на замок, но навистина е тажно што сите овие капацитети не можат да бидат објаснети до детали. Она што е важно е дека ништо тука не е дадено без причина, туку сето е дадено како еден вид на награда во согласност со тоа колку таа личност работела за кралството и праведноста Божја, тука на оваа земја.

Голема Е Твојата Награда На Небесата

До сега вие моравте да сфативте дека оваа небесна куќа е

преголема и превеличествена дури и да се замисли. Големиот замок со потполната приватност кој што е изграден во центарот а има и многу други згради и капацитети покрај него, со една голема градина која што ги опкружува; оваа куќа претставува едно туристичко место на небесата. Најверојатно вие не можете а да не се изненадите, бидејќи оваа куќа која што е со неверојатна големина, е подготвена од страната на Бога за една личност која што била култивирана на оваа земја.

Која тогаш би била причината поради која што Бог би ја подготвил ваквата небесна куќа која што е голема како еден голем град? Да погледнеме во Матеј 5:11-12:

> *Благословени сте вие, кога ќе ве навредуваат и прогонат и кога лажно ќе зборуваат секакви зли нешта против вас, поради Мене! Радувајте се и веселете се бидејќи голема ќе биде вашата награда на небесата; бидејќи исто така ги прогонуваа и пророците кои што беа пред вас.*

Колку ли апостолот Павле страдал исполнувајќи го кралството Божјо? Тој страдал од неискажливите тешкотии и прогони додека го проповедал Исуса Спасителот на Незнабошците. Ние можеме да видиме колку посветено тој работел за кралството Божјо од 2 Коринтјаните 11:23 па натаму. Павле бил затворан, тепан или пак бил во животна опасност многу пати, додека го проповедал евангелието.

Сепак Павле, никогаш не се пожалил ниту пак негодувал поради тоа, туку се радувал и му било мило бидејќи сето тоа му било заповедано од Словото Божјо. На крајот, вратата на светската мисија за Незнабошците, била отворена преку Павла. Затоа тој природно влегол во Новиот Ерусалим и се здобил со славата која што сјае како сонцето, во Новиот Ерусалим.

Бог многу ги љуби оние луѓе кои што страстно работат и кои што му се верни, до степенот на жртвувањето на своите животи и затоа потоа ги благословува и наградува со многуте нешта на небесата.

Градот Нов Ерусалим не е резервиран за некоја конкретна личност, туку секој кој што ќе го освети своето срце да наликува на срцето на Бога и страстно ќе ја исполнува својата должност, ќе може да влезе и да живее таму.

Се молам во името на Господа Исуса Христа да и вие наликувате на срцето Божјо, преку постојаните молитви и Словото Божјо, и да ги исполнувате вашите должности во потполност, за да можете да влезете во Новиот Ерусалим и да му се исповедате на Бога низ солзи, „Многу сум благодарен за големата љубов од Отецот."

Глава 9

Првата Забава Во Новиот Ерусалим

1. Првата Забава Во Новиот Ерусалим
2. Пророците Во Најодликуваната Група На Небесата
3. Убавите Жени Од Гледиштето На Бога
4. Марија Магдалена Престојува Блиску До Престолот На Бога

„И така, оној кој што ќе ја пониши макар и најмалата од овие заповеди и ќе ги учи другите да го прават истото, најмал ќе се нарече во кралството небесно; а оној пак што ќе ги зачува и за нив ќе поучува, најголем ќе се нарече во кралството небесно."

- Матеј 5:19 -

Во Светиот Град Нов Ерусалим се наоѓа престолот Божји и помеѓу безбројните луѓе кои што биле култивирани тука на оваа земја, оние кои што ги имаат чистите и убави срца како кристалот, ќе живеат тука, засекогаш. Животот во Новиот Ерусалим со Богот Тројството е исполнет со незамисливата љубов, емоциите, среќата и радоста. Луѓето уживаат во бескрајната среќа присуствувајќи на богослужбите и на забавите, и во полните со емоции разговори, кои што ќе ги имаат еден со друг.

Доколку присуствувате на една забава во Новиот Ерусалим која што ќе се одржува од Самиот Бог Отец, тогаш ќе можете да ги следите настапите и да ја споделувате љубовта со голем број на луѓе, дојдени од различни места за живеење на небесата.

Богот Тројството, кој што ја извршил човечката култивација со една голема трпеливост, ќе се радува и ќе се чувствува среќно, гледајќи во Неговите возљубени чеда.

Богот на љубовта детално ми го разоткри животот во Новиот Ерусалим кој што е исполнет со емоциите кои што се вон секое поимање. Причината беше таа, што јас можев да го надминам злото преку добрината, сакајќи ги дури и непријателите, кога страдав без никаква причина, бидејќи моето срце беше исполнето со надежта за Новиот Ерусалим.

Ајде сега да истражиме колку е благословено да се „достигне срцето на Бога" кое што е толку чисто и убаво како кристалот, преку еден приказ на првата забава што ќе се одржи во Новиот Ерусалим, како еден пример.

1. Првата Забава Во Новиот Ерусалим

Исто како и на земјата, забави ќе има и на небесата, и преку нив ќе можеме да ја разбереме радоста на небесниот живот, во прилична мерка. Сето тоа е така, бидејќи се работи за чесни места, каде ние ќе можеме да ги видиме богатствата и убавините на небесата, сето тоа во еден миг и да уживаме во нив. Исто како што луѓето на оваа земја се дотеруваат со најубавите нешта кои што ги имаат, и јадат, пијат и уживаат во најубавата храна додека се на забавата што се одржува организирана од претседателот на државата, исто така и кога ќе се одржува забава на небесата, таа ќе биде исполнета со убаво танцување и пеење и таму сите ќе бидат среќни.

Прекрасен Звук На Молитва Кој Што Ќе Се Слуша Од Салата

Салата за забави во Новиот Ерусалим е огромна и величествена. Ако поминете низ влезот и влезете во просторијата во која што од едниот крај нема да можете да го видите другиот, прекрасниот звук на небесната музика ќе ви ги дополнува силните емоции, што веќе ги чувствувате.

Чудесна е светлината
која што постоеше пред почетокот на времето.
Тој осветлува сé
преку таа изворна светлина.
Тој го роди Неговиот Син

и ги создаде ангелите.

Неговата слава е високо
над небото и земјата
и е величествена.
Убава е Неговата милост
што самиот Тој ја рашири.
Тој го рашири Неговото срце
и го создаде светот.
Фалете ја Неговата голема љубов со малите усни.
Фалате го Господа
кој што ги прима пофалбите и се радува.
Воздигнете го Неговото свето име
и фалете го Него засекогаш.
Неговата светлина е чудесна
и вредна за фалење.

Јасниот и елегантен звук на музиката ќе ви се топи во духот за да ви даде возбудување и таков мир како што се чувствува бебето кое што е ставено на градите на неговата мајка.

Големата порта на салата за забави со бојата на белиот скапоцен камен ќе биде украсена со небесните цветови во многу форми и бои, и ќе има изгравирано прекрасни шари. Тука ќе можете да видите дека Богот Отецот подготвил сé дури и најмалите нешта, до најситен детал, во Неговата чувствителна љубов за Неговите чеда, на секој агол на Градот Нов Ерусалим.

Минувајќи Низ Портата Со Бојата На Бел Скапоцен Камен

Голем број на луѓе ќе влегуваат низ убавата, голема порта на салата за забави наредени во ред, а оние кои што живеат во Новиот Ерусалим ќе влегуваат први. Тие ќе ги носат златните круни кои што се повисоки од круните на другите места за живееење и кои што ќе оддаваат благи, убави светлини. Луѓето ќе носат бели еднодeлни облеки што ќе сјаат во јасните и брилијантни светлини. Текстилот од кој што ќе бидат направени ќе биде лесен и мек како свилата и тие ќе бидат идентични и од предната и од задната страна.

Облеката, што ќе биде украсена со злато или со многуте видови на скапоцености, ќе има сјајни опшивки од скапоцените камења на вратот и ракавите, а според наградите на личноста, видовите на скапоценостите и шарите ќе бидат различни. Убавината и честа на жителите на Новиот Ерусалим се потполно различни од таа на жителите на сите други места за живеење, на небесата.

За разлика од луѓето кои што живеат во Новиот Ерусалим, луѓето од другите места за живеење на небесата, ќе мораат да поминат низ еден процес за да можат да присуствуваат на забавите во Новиот Ерусалим. Луѓето од Третото, Второто, Првото Кралство Небесно или од Рајот ќе мораат да ги заменат нивните облеки со посебни облеки наменети за Новиот Ерусалим. Бидејќи светлината на небесните тела е различна во зависност од тоа од кое место за живеење ќе доаѓаат луѓето, тие ќе треба да позајмат соодветни облеки, за да ги посетат живеалиштата кои што се на повисокото ниво отколку местото во кое што живеат тие.

Затоа таму ќе постои едно посебно место каде ќе можат да се сменат облеките. Постојат навистина многу облеки во Новиот Ерусалим и ангелите ќе им помагаат на луѓето да се преоблечат. Сепак оние кои што ќе доаѓаат од Рајот, иако таквите ќе бидат во мал број, ќе мораат сами да се ги сменат облеките, без помошта на ангелите. Тие ќе си ги менуваат нивните облеки со облеките од Новиот Ерусалим и ќе бидат длабоко трогнати од славата на овие облеки. Тие сеуште ќе ја чувствуваат тагата бидејќи ќе ги носат облеките кои што всушност не заслужиле да ги носат.

Луѓето од Третото, Второто, Првото Кралство Небесно или од Рајот, ќе мораат да се преоблечат и да им ги покажат поканите на ангелите, на влезот од салата за забави, за да можат да влезат.

Величествената И Совршена Сала За Забави

Кога ангелите ќе ве внесуваат во салата за забави, вие нема да можете а да не станете обземени од брилијантните светла, величественоста и совршеноста на салата за забави. Подот на салата ќе сјае со бојата на белиот скапоцен камен без никаква дамка или флека, и ќе има многу столбови на секоја страна. Тркалезните столбови ќе бидат чисти како стаклото и ентериерот ќе биде украсен со многуте видови на скапоцености, за да се создаде оваа единствена убавина. Цветниот венец ќе виси на секој столб, за да го надополни расположението и квалитетот на забавата.

Колку би биле среќни и исполнети со радост ако сте

поканети во салата за балови која што ќе биде направена од белиот мермер и совршено сјајниот кристал! Колку поубава и посреќна мора да е небесната сала за забави што е направена од толку многу видови на небесни скапоцености!

На предниот дел од салата за забави во Новиот Ерусалим, има две сцени кои што ќе ви даваат издвоено чувство, како да сте се вратиле назад во времето и да присуствувате на крунисувањето на некој антички император. Во центарот на повисоката сцена ќе се наоѓа голем престол со боја на бел скапоцен камен наменет за Богот Отецот. Од десната страна на овој престол ќе се наоѓа престолот на Господа, а од левата страна ќе се наоѓа престолот на почесниот гостин на првата забава. Овие престоли ќе бидат опкружени со извонредната светлина и ќе бидат многу големи и величествени. На подолната сцена, ќе има седишта за пророците, наредени според небесниот ранг, за да се изрази величественоста на Богот Отецот.

Оваа сала за забави е доволно голема да ги собере безбројните поканети небесни жители. Од една страна на салата за забави, ќе има небесен оркестар со еден архангел како диригент. Овој оркестар ќе исполнува небесна музика за да ја дополни радоста и среќата не само за време на забавата, туку исто така и пред почетокот на забавата.

Ќе Седите На Своето Место Пропратени Од Ангелите

Оние луѓе кои што влегле во салата за забава, ќе бидат пропратени од ангелите до нивните претходно определени седишта и луѓето од Новиот Ерусалим ќе бидат седнати тука напред, следени од оние кои што ќе бидат од Третото, Второто, Првото Кралство и од Рајот.

Оние кои што се од Третото Кралство исто така ќе носат круни, што во потполност ќе се разликуваат од круните на Новиот Ерусалим, и тие ќе мораат да стават тркалезни ознаки на десната страна од круните за да се разликуваат од луѓето од Новиот Ерусалим. Оние кои што ќе бидат од Второто и Првото Кралство ќе треба да стават тркалезна ознака на левиот дел од градите за да бидат автоматски разликувани од луѓето од Третото Кралство и од оние од Новиот Ерусалим. Луѓето од Второто и Првото Кралство ќе носат круни, а луѓето од Рајот ќе немаат никакви круни.

Оние кои што ќе бидат поканети на забавата во Новиот Ерусалим ќе си ги заземаат своите места и ќе чекаат да влезе Богот Отецот, домаќинот на оваа забава, со возбудениот ум, поправајќи ги нивните облеки, итн. Како што трубата ќе почне да свири за да го означи влезот на Отецот, сите луѓе во салата за забави ќе станат за да го поздрават нивниот домаќин. Додека сето ова се случува, оние кои што не се поканети на забавата сеуште ќе можат да учествуваат на некој начин во истата, преку системите за симултано емитување, инсталирани во нивните одредени места за живеење насекаде низ небесата.

Отецот Влегува Во Салата Пропратен Со Звукот На Трубата

На звукот на трубата, први ќе влезат многуте архангели

кои што го придружуваат Богот Отецот, а потоа ќе следат неговите возљубени прататковци на верата. Сега секој и сè ќе биде подготвено за да го прими Богот Отецот. Луѓето кои што ќе го гледаат ова случување ќе стануваат сè повозбудени очекувајќи да ги видат Отецот и Господа, и натаму ќе ги насочуваат очите.

На крајот, со брилијантните и величествени светлини, ќе влезе Богот Отецот. Неговата појава ќе биде величествена и возвишена, но во исто време и многу нежна и света. Неговата нежна брановидна коса ќе сјае со еден златен одблесок, и сјајни светлини ќе излегуваат од Неговото лице и од целото Негово тело, што луѓето нема да можат соодветно ниту да си ги отворат нивните очи.

Кога Богот Отецот ќе се искачува на тронот, небесните сили и ангелите, пророците кои што чекаат на сцената и сите луѓе во салата за забави ќе направат наклон со главите, во Неговата слава. Претставува преголема чест за нас како созданија лично да го видиме Богот Отецот, Создателот и Владетелот со сè. Колку ли радосно и емотивно ќе биде сето тоа! Сепак сите гости не ќе можат да го видат Него. Луѓето од Рајот, Првото Кралство и Второто Кралство нема да можат да ги подигнат нивните глави поради пресилната светлина. Тие само ќе ги леат солзите радосници и ќе бидат исполнети со емоцијта на благодарност поради фактот што биле поканети да присуствуваат на оваа забава.

Господ Го Претставува Почесниот Гостин

Откако Богот Отецот ќе седне на Неговиот престол, ќе

влезе Господ во придружба на еден убав и елегантен архангел. Тој ќе носи голема и величествена круна и сјајна, бела и долга наметка. Тој ќе изгледа достоинствено и ќе биде полн со величественост. Господ ќе му се поклони на Богот Отецот, најпрво од учтивост, ќе ги прима пофалбите од ангелите, пророците и сите други луѓе и ќе им возврати со насмевка. Богот Отецот седејќи на престолот ќе биде задоволен што ги гледа сите луѓе кои што ќе присуствуваат на забавата.

Господ ќе отиде до подиумот и ќе го претстави почесниот гостин на првата забава, и во детали ќе раскаже сè за неговото свештенствување кое што помогнало да се заврши човечката култивација. Некои од присутните луѓе на забавата ќе се прашуваат која може да биде таа личност, или оние пак кои веќе слушнале за него ќе обрнат внимание кон Господа во големото исчекување.

На крајот, Господ ќе заврши со Неговиот воведен говор, објаснувајќи како овој човек го љубел Богот Отецот, колку многу се трудел да спаси колку што е можно повеќе души и како во целост ја исполнил волјата Божја. Тогаш Богот Отецот кој што ќе биде преплавен со радост, ќе стане за да го пречека почесниот гостин на првата забава, исто како што таткото му го посакува добредојдето на својот син кој што се враќа дома со успех, исто како што кралот го пречекува генералот кој што извојувал некоја победа. Во салата за забави исполнета со исчекувањето и трепетот, звукот на трубите ќе се чуе уште еднаш и потоа ќе влезе почесниот гостин во еден совршен сјај.

Тој ќе ја носи големата и величествена круна и долгата бела наметка која што ќе наликува на таа од Господа. Тој исто така ќе изгледа достоинствено, но луѓето ќе можат да ја почувствуваат неговата кроткост и милост, преку неговото лице кое што ќе наликува на Богот Отецот.

Кога ќе влезе почесниот гостин на првата забава, луѓето ќе почнат да стануваат и да се радуваат со нивните дигнати раце, како да формираат бран. Тие ќе се вртат и ќе се веселат заедно со другите, прегрнувајќи се. На пример, во финалето на Светскиот Куп, кога топката ја минува гол линијата и со тоа ја означува победата, сите луѓе од земјата победник кои што се наоѓаат во публиката, или пак го следат натпреварот во нивните домови, се радуваат и се веселат, прегрнувајќи се едни со други, разменувајќи си честитки, итн. Слично на тоа, салата за забави во Новиот Ерусалим ќе биде исполнета со радост и среќа.

2. Пророците Во Најодликуваната Група На Небесата

Што тогаш би требале ние конкретно да направиме, за да станеме жители на Новиот Ерусалим и за да присуствуваме на првата забава? Ние не само што треба да го прифатиме Исуса Христа и да го примиме Светиот Дух како дар, туку исто така ќе мораме да ги носиме и деветте плода на Светиот Дух и да наликуваме на срцето Божјо, кое што е чисто и прекрасно како кристалот. На небесата, важноста на личноста се одредува според степенот до кој што личноста е осветена, за да наликува на срцето Божјо.

Затоа дури и на првата забава во Новиот Ерусалим, пророците ќе влегуваат според небесниот ранг, кога Богот Отецот ќе влегува во салата. Поголемите пророци или другите прататковци на верата ќе бидат во рангот, во зависност од тоа колку поблиску ќе престојуваат до престолот Божји. На истиот начин, бидејќи небесата се управувани според поредокот заснован на рангирањето, ние знаеме дека мораме да наликуваме на срцето Божјо, за да можеме да стоиме што поблиску до Неговиот престол.

Сега да го определиме видот на срцето кое што е чисто и прекрасно како кристалот, налик на срцето на Бога и како ќе можеме во потполност да наликуваме на него, преку животите на пророците во прворангираната група на небесата.

Илија Бил Подигнат Без Да Ја Види Смртта

Од сите човечки суштества, култивирани на земјата, највисоко рангиран е Илија. Преку Библијата можете да видите дека секој дел од животот на Илија, сведочел за живиот Бог, единствениот вистински Бог. Тој бил пророк во времето на Царот Ахав во северното царство на Израел, каде што преовладувало идолопоклонството. Тој им се спротивставил на 850 пророци кои што ги обожувале идолите и го симнал огнот од небесата. Илија исто така дал и пороен дожд по три и пол годишна суша.

Илија бил човек со природа како и нашата, и преку искрената молитва да не падне дожд, на земјата не паднал дожд во текот на три години и шест месеци. Тогаш тој пак се помолил и небото го истурило дождот за да може земјата да го даде својот плод (Јаков 5:17-18).

Дури и повеќе, преку Илија, грст брашно во теглата и малку масло во грнето, траеле сé додека не завршил периодот на гладот. Тој го оживеал мртвиот син на вдовицата и ја разделил Реката Јордан. На крајот, вовлечен во виорот, Илија бил подигнат на небесата (2 Царства 2:11).

Која тогаш била причината поради која Илија, кој што бил обичен човек како и ние, можел да врши силни дела Божји па дури и да ја избегне смртта? Сето тоа било така бидејќи тој го достигнал срцето кое што било толку чисто и убаво како кристалот, што наликувало на Бога, преку многуте искушенија во текот на неговиот живот. Илија ја положил сета своја вера во Бога, низ разните случувања кои што ги доживеал и секогаш го почитувал Бога.

Кога Бог му наредил, пророкот пристапил пред Кралот Ахав, кој што се обидувал да го убие и изјавил, пред голем број на луѓе, дека Бог е единствениот вистински Бог. Затоа и поради тоа тој ја примил силата Божја, ги прикажал Неговите моќни дела во таквата мерка, да можел силно да го прославува Бога, а поради тоа ужива во почестите и славата, засекогаш на небесата.

Енох Чекорел Со Бога Во Текот На 300 Години

Што да кажеме во врска со Енох? Исто како и Илија, исто

така и Енох бил подигнат на небесата без да ја види смртта. Иако Библијата не ни кажува многу за него, ние сепак можеме да почувствуваме колку тој наликувал на срцето Божјо.

Енох, откако поживеа шеесет и пет години, го роди Матусала. Потоа Енох чекореше со Бога во текот на тристотини години, откако стана татко на Матусала, а потоа раѓајќи други синови и ќерки. Така сите денови на Еноха беа три стотини и шеесет и пет години. И Енох, живеејќи според волјата Божја, исчезна, бидејќи Бог го зеде (Битие 5:21-24).

Енох почнал да чекори со Бога на возраст од шеесет и пет години. Тој бил многу мил во погледот Божји, бидејќи наликувал на срцето Божјо. Бог длабоко општел со него, одел со него 300 години, и жив го земал, за да го смести што поблиску до Самиот Бог. Тука, „чекорењето со Бога" значи дека Бог е со таа личност во сé, и Бог бил во сé со Еноха, каде и да заминел во текот на тие три века.

Доколку одите на патување, со каква личност би сакале заедно да одите? Патувањето би ви било пријатно доколку одите заедно со некоја личност, со која би можеле да ги споделите вашите идеи. Така кажано, ние сваќаме дека Енох во срцето, бил едно со Бога и затоа можел да чекори со Бога.

Бидејќи Бог во својата суштина е светлината, добрината и љубовта, ние не смееме да имаме никаква темнина во нас, со цел да чекориме со Бога, туку мораме да ја имаме само добрината и љубовта која што ќе не преплавува. Енох се зачувал себе си навистина просветлен иако живеел во еден грешен свет и им ја пренел волјата Божја на луѓето (Јуда 1:14). Библијата не ни кажува дека тој постигнал нешто навистина големо ниту пак дека извршил некоја посебна должност. Сепак бидејќи Енох бил богобојажлив длабоко во неговото срце, го избегнувал злото и бидејќи живеел еден осветен живот за да биде во можност да чекори со Бога, Бог колку што можел побрго го земал за да го смести поблиску до Себеси.

Затоа, Евреите 11:5 ни кажува, *„Преку верата Енох беше земен, за да не ја види смртта; и не можеа да го најдат бидејќи Бог го зема; затоа што пред преселувањето тој го доби сведоштвото дека Му угодил на Бога."* Слично на ова, Енох кој што ја поседувал таквата вера што му угодувала на Бога, бил благословен да може засекогаш да чекори со Бога, бил подигнат на небесата без да ја види смртта и станал втората личност по ранг, на небесата.

Авраам Бил Наречен Пријателот На Бога

Ајде сега да видим колку убаво срце можел да има Авраам за да биде наречен пријателот на Бога и да биде рангиран како третиот човек на небесата?

Авраам целосно верувал во Бога и во потполност му се покорувал. Кога по Божјата заповед ја напуштил неговата татковина, тој не знаел каде треба да оди туку само се покорил на Божјата волја и го напуштил својот роден град каде го имал изворот на приходи. Кога му било наредено да го понуди својот син Исак како жртва сепаленица, кого го родил на возраст од 100 години, тој веднаш се покорил на таа заповед. Тој ја имал довербата во Бога, кој што е добар и семоќен, и кој што можел да ги подигне мртвите.

Исто така, Авраам воопшто не бил себичен. На пример, кога имотот на неговиот внук Лот и неговиот имот станале толку големи што веќе не можеле да останат заеднички, Авраам му допуштил на Лота прв да избира, кажувајќи, "*Те молам да не се караме јас и ти, ниту моите пастири да се караат со твоите пастири, зошто јас и ти сме браќа. Не е ли пред тебе целата земја? Те молам оддели се од мене; ако тргнеш ти на лево, јас ќе тргнам на десно; или ако тргнеш ти на десно, јас пак, ќе тргнам на лево*" (Битие 13:8-9).

Во една прилика, повеќе кралеви ги здружиле своите сили и ги зазеле Содом и Гомор, па ги запелениле сите богатства и храна, како и неговиот внук Лот кој што живеел во Содом. Тогаш, Авраам земал 318 свои слуги, тргнал по кралевите и ги повратил богатствата и храната. Кралот на Содом сакал да му даде на Авраам дел од вратените богатства, како израз на неговата благодарност, но тој го одбил тоа. Авраам го направил сето тоа за да докаже дека неговите благослови доаѓаат единствено од Бога. На истиот начин, Авраам почитувал во верата за славата Божја, со срцето што е чисто и убаво како кристалот. Затоа Бог изобилно го благословил како тука на оваа земја, така и на небесата.

Мојсеј, Водачот На Исходот

Каков ли вид на срце можел да има Мојсеј, водачот на

Исходот, кој што е рангиран како четврти на небесата? Броеви 12:3 ни кажува, *„А Мојсеј бил најскромниот човек најповеќе од сите луѓе кои што постоеле на лицето на земјата."*

Во Јуда има една сцена во која што архангелот Михаил спори со ѓаволот за телото на Мојсеја, а сето тоа е така, бидејќи Мојсеј ги имал квалификациите за да биде подигнат на небесата без да ја види смртта. Кога Мојсеј бил принц на Египет, тој еднаш убил Египќанец кој што тепал Евреин. Поради тоа дело ѓаволот го обвинувал, и кажувал дека Мојсеј мора да ја види смртта.

Сепак архангелот Михаил повторно му се спротивставил на ѓаволот, кажувајќи дека Мојсеј ги отфрлил сите гревови и зло, и ги има квалификациите да биде подигнат на небесата. Во Матеј 17, можеме да прочитаме дека Мојсеј и Илија се спуштиле од небесата за да разговараат со Исуса. Преку овие факти можеме да претпоставиме што се случило со телото на Мојсеја.

Мојсеј морал да бега од палатата на Фараонот, поради убиството кое што го сторил. Потоа тој одгледувал овци во пустината, во текот на четириесет години. Преку искушението во пустината, Мојсеј ја разрушил сета своја гордост, желбите и праведноста по неговите сваќања, кои што ги имал кога бил принц, во палатата на Фараонот. Дури после сето тоа, Бог му ја одредил задачата да ги изведе Израелците од Египет.

Сега Мојсеј, кој што еднаш имал убиено човек и потоа побегнал, морал повторно да се врати кај Фараонот и да ги изведе од Египет Израелците, кои што тогаш биле робови веќе 400 години. Сето тоа изгледало невозможно според човечкото размислување, но Мојсеј го послушал Бога и истапил пред Фараонот. Не можел секој да биде водач, да ги повед милиони Израелци надвор од Египет и да ги води кон земјата Хананска. Затоа Бог прво го прочистил Мојсеја во пустината, во текот на четириесет години, и го направил еден голем сад кој што можел да ги собере и издржи сите Израелци. На овој начин, Мојсеј станал личноста која што можела да послуша до степенот на смртта преку искушенијата и можела да ја исполни должноста да биде водачот на Исходот. Во Библијата лесно можеме да видиме колкава била големината на Мојсеја.

> *И се врати Мојсеј при ГОСПОДА, и кажа „За жал овие луѓе извршија голем грев,и си направија бог од златото за себе. Но сега ако сакаш прости им ги нивните гревови, а ако пак не, те молам избриши ми го името од книгата Твоја, која што Ти си ја напишал!"* (Исход 32:31-32)

Мојсеј добро знаел дека бришењето на неговото име од книгата ГОСПОДОВА нема да значи само физичка смрт. Знаејќи добро дека оние чии што имиња не се запишани во Книгата на Животот, ќе бидат фрлени во огновите на пеколот, во вечната смрт и дека ќе страдаат засекогаш, Мојсеј бил подготвен дури и да ја превземе вечната смрт за прошката на гревовите на луѓето.

Што ли можел Господ да почувствува гледајќи кон Мојсеја? Бог бил толку задоволен со него, бидејќи тој го познавал во потполност срцето Божјо, кое што го мрази гревот, а сепак сакал да ги спаси грешниците; Бог му одговорил на неговата молитва. Бог го сметал Мојсеја за личност која што е повредна отколку сите Израелци заедно, бидејќи тој го поседувал срцето кое што било праведно во погледот Божји и било чисто и јасно како водата на животот која што извира од Неговиот престол.

Ако постојат дијаманти со големината на грав, потполно совршени, и стотици камења со големина на тупаница, кои ќе ги сметате за повредни? Никој нема да замени парче дијамант за обични камења.

Затоа сваќајќи го фактот дека вредноста на самиот Мојсеј, кој што во него го достигнал срцето Божјо, била многу поголема отколку верата на сиот Израелски народ, ние би требало да се трудиме да ги достигнеме срцата што се чисти и прекрасни како кристалот.

Павле, Апостолот На Незнабожците

Петтата личност во небесниот ранг е апостолот Павле, кој што го посветил својот живот на евангелизацијата на Незнабошците. Иако тој бил верен на царството Божјо до точката на смрт, со толку многу страст, сепак во еден агол од својот ум тој секогаш чувствувал жалење, бидејќи порано ги прогонувал верниците во Исуса Христа, пред и тој самиот да го прифати Господа. Затоа тој се исповедал во 1 Коринтјаните 15:9, *„Бидејќи јас сум најмалиот од апостолите и не сум достоен да се наречам апостол, бидејќи ја прогонував црквата Божја."*

Сепак бидејќи тој бил така добар сад, Бог го избрал, го пречистил и го користел како апостолот на Незнабожците. Од 2 Коринтјаните 11:23 па натаму, можеме да прочитаме како детално се објаснува колку тешкотии има доживеано додека го проповедал евангелието и можеме да видиме дека тој толку многу страдал, што не верувал дека ќе го доживее и следниот ден. Многу пати бил камшикуван и затворан. Пет пати од Евреите ги добивал по четириесете камшика минус еден; три пати бил претепан со стапови; еднаш бил каменуван; три пати бил бродоломник, поминал една ноќ и еден ден на отвореното море; често ја немал можноста да спие; добро ги познавал гладот и жедта и често бил без храна; му било студено и бил без облека (2 Коринтјани 11:23-27).

Павле толку многу страдал, што се исповедал во 1 Коринтјаните 4:9, *„Мислам, дека нас апостолите, Бог не изложи како најпоследни, како осудениците на смрт; бидејќи станавме призор за светот – за ангелите и за луѓето."*

Зошто тогаш, Бог ги допуштил многуте потешкотии и прогони за Павле кој што бил верен до точката на смрт? Бог можел да го заштити Павле од сите потешкотии, но Тој сакал низ овие страдања, Павле да се стекне со срцето кое што е чисто и прекрасно како кристалот. После сето тоа, апостолот Павле можел да се здобие со утехата и радоста само во Бога, потполно да се одрече од себеси и да ја добие совршената форма на Христа. Така што тој можел да се исповеда во 2 Коринтјаните 11:28, *„Освен таквите надворешни непријатности, тука е и секојдневниот притисок на мене поради грижата за сите цркви."*

Тој исто така се исповедал и во Римјаните 9:3, „*Бидејќи повеќе би сакал јас да бидам обвинет, одвоен од Христа поради доброто за браќата мои, на мојте сродници по тело.*" Павле, кој што го имал срцето кое што било чисто и прекрасно како кристалот, не само што можел да влезе во Новиот Ерусалим, туку исто така и да стои во близина до престолот Божји.

3. Убавите Жени Од Гледиштето На Бога

Ние веќе фрливме поглед на првата забава во Новиот Ерусалим. Кога Богот Отецот ќе влегува во салата, ќе има и една жена која што ќе оди позади Него. Таа ќе го придружува Богот Отецот облечена во бел фустан што речиси ќе го допира подот и кој што ќе биде украсен со многу видови на скапоцености. Таа жена е Марија Магдалена. Земајќи ги во обзир околностите во тоа време во кое што јавното дејствување на жените било ограничено, таа не можела да направи повеќе за да го достигне царството Божјо, но бидејќи била толку убава жена од гледиштето на Бога, таа можела да влезе на најпосакуваното место на небесата.

Исто како што постои рангирањето помеѓу пророците базирано на тоа колку многу наликуваат на срцето Божјо, исто и кај жените на небесата постои еден поредок по кој што тие ќе бидат рангирани, според степенот до кој што ќе бидат признаени и возљубени од Бога.

Какви тогаш животи ваквите жени требале да водат, за

да бидат признаени и сакани од Бога, и да станат почесни граѓани на небесата?

Марија Магдалена Прва Го Сретнала Воскреснатиот Господ

Жената која што е најмногу возљубена од Бога е Марија Магдалена. Долго време таа била врзана со силата на темнината, го примала презирот и отфрлањето од луѓето и страдала од различните болести. Во еден од таквите тешки денови, таа ги слушнала вестите за Исуса, го подготвила скапоценото миро и пристапила кај Него. Слушнала дека Исус дошол во куќата на еден Фарисеј и отишла таму, но не можела да се осмели да се појави пред Него, иако многу копнеела да го сретне Него. Таа му се приближила од позади, му ги измила Неговите нозе со своите солзи, ги избришала со косата и го скршила шишенцето и го истурила мирото врз Него. Преку ова дело на верата, таа била ослободена од болките на болеста и поради тоа била многу благодарна. Од тогаш па натаму, таа силно го сакала Исуса, го следела каде и да одел и станала една прекрасна жена која што целиот свој живот му го посветила Нему (Лука 8:1-3).

Таа го следела Исуса дури и кога Тој бил распнуван и кога го испуштил својот последен здив, иако знаела дека со своето присуство таа си го ризикувала и својот живот. Марија го надминала нивото на возвраќањето на милоста што ја примила, туку го следела Исуса, посветувајќи се, вклучувајќи го и нејзиниот живот.

Марија Магдалена која толку многу го сакала Исуса,

била првата личност што го сретнала Господа по Неговото воскресение. Таа станала највозвишената жена во историјата на човештвото бидејќи го имала навистина доброто срце и прекрасните дела, кои што можеле да го трогнат Бога.

Девицата Марија Била Благословена Да Го Зачне Исуса

Втората меѓу најубавите жени од гледиштето на Бога е Девицата Марија, која што била благословена да го зачне Исуса, кој што потоа станал Спасителот на целото човештво. Пред околу 2,000 години Исус морал да дојде во тело, за да ги откупи сите луѓе за нивните гревови. За да можело сето ова да биде исполнето, била потребна една жена која што ќе биде соодветна од гледиштето на Бога, па затоа била избрана Марија која што во тоа време била верена за Јосиф. Бог претходно, преку архангелот Гаврил и најавил дека таа ќе го зачне Исуса преку Светиот Дух. Марија не вклучила никакви човечки размислувања, туку само храбро ја исповедала својата вера, *„Еве ја слугинката Господова; нека биде направено според зборовите твои!"* (Лука 1:26-38)

Во тоа време, ако некоја девица останела бремена, таа не само што морала да биде јавно осрамотена, туку исто така морала да биде и каменувана до смрт, според Законот на Мојсеја. Сепак длабоко во нејзиното срце, таа верувала дека со Бога ништо не е невозможно и побарала да биде онака како што е кажано. Таа го имала доволно доброто срце, за да го послуша словото Божјо, иако поради тоа можела да го изгуби и својот живот. Колку ли среќна и благодарна била таа кога прво го зачнала Исуса, па кога го гледала Него како расте преку силата Божја! Сето тоа било еден таков благослов кој што и се случил на Марија, обичното човечко создание.

Заради тоа, таа била толку многу среќна, едноставно само да го гледа Исуса и таа му служела и го љубела Него, повеќе отколку што го сакала својот сопствен живот. На овој начин, Девицата Марија била изобилно благословена од Бога и се здобила со вечната слава помеѓу сите жени на небесата, веднаш до Марија Магдалена.

Естира Од Ништо Не Се Плашела Поради Волјата Божја

Естира, која што го спасила својот народ, храбро со верата и љубовта, станала прекрасна жена од гледиштето на Бога, и се здобила со чесната позиција на небесата.

Откако кралот на Персија, Артаксеркс и го превземал кралското место на кралицата Астин, помеѓу многуте убави жени, била избрана Естира и станала кралица иако била Јудејка. Таа била многу сакана од кралот и од многу други луѓе, бидејќи ниту се обидувала да се прикажува себе си, ниту била горда, туку се украсила себе си со чистота и елегантност, иако и дотогаш била многу убава.

Во меѓувреме, додека таа била на тоа кралско место, Јудејците доживеале една голема криза. Вугеецот Аман, кој што бил фаворизиран од кралот, се исполнил со гнев кога Јудеецот по име Мардохеј, не му се поклонил пред него, ниту пак му се обратил со соодветната почит и чест. Поради тоа, тој направил заговор да ги уништи сите Јудејци во Персија и ја добил дозволата од кралот да направи така.

Естира постела во текот на три дена за нејзиниот народ и решила да отиде пред кралот (Естира 4:16). Според Персискиот закон во тоа време, доколку некој отиде кај кралот без да биде повикан, тој или таа ќе биле осудени на смрт, освен ако кралот не го насочел својот златен жезол кон таа личност. По тридневниот пост, Естира потпирајќи се на Бога, се појавила пред кралот, цврста во нејзината одлука, „*Доколку ме снема, ме снема.*" Како резултат на Божјата промисла, Аман кој што самиот создал конспирација, бил убиен. Така да Естира не само што го спасила својот народ, туку била уште повеќе сакана од страната на својот крал.

Поради тоа Естира била признаена како убава жена и се здобила со славното место на небесата, бидејќи била силна во вистината и бидејќи ја поседувала храброста да се откаже од својот сопствен живот, ако тоа значело да се следи волјата Божја.

Рут Го Имала Прекрасното И Добро Срце

Ајде сега да го истражиме животот на Рут, која што исто така е признаена како убава жена од гледиштето на Бога и која што станала една од највеличествените жени на небесата. Какво ли срце и дела морала да има таа, за да му угоди на Бога и да биде благословена?

Моавката Рут се омажила за еден Израелец чие што семејство се преселило во Моав поради гладот кој што владеел во Израел, но наскоро го загубила својот сопруг. Сите мажи во нејзиното семејство рано изумреле, па така што таа живеела заедно со нејзината свекрва Ноемина и со јатрвата Орфа. Ноемина, загрижена за нивната иднина, им предложила на снаите да се вратат во нивните семејства. Орфа низ солзи ја остави Ноемина, но Рут останала, кажувајќи ја емотивната исповед:

> *Не ме принудувај да те оставам, да се одделам од тебе и да не те следам; бидејќи каде што ќе одиш ти, таму ќе појдам и јас, и каде ќе живееш ти, таму ќе живеам и јас; твојот народ ќе биде и мој народ, и твојот Бог ќе биде и мој Бог. Каде што ќе умреш ти, таму и јас ќе умрам и ќе бидам погребана; ГОСПОД нека ми го направи тоа и нешто полошо, ако нешто освен смртта ме раздели од тебе.*

Бидејќи Рут го имала ваквото убаво срце, таа никогаш не помислила нешто за своја сопствена корист туку само ја следела добрината, дури и ако тоа можела да и донесе штета и со радост си ја исполнувала својата должност на верното служење на свекрвата.

Делото на служењето на нејзината свекрва било толку прекрасно, што целото село знаело за најзината преданост и ја сакало. На крајот, со помош на нејзината свекрва, таа се омажила за еден човек по име Воз, роднина откупувач на земјата. Му родила син и стана прамајка на кралот Давид (Рут 4:13-17). Понатаму, Рут била благословена да биде во семејното стебло на Исуса иако била жена Незнабошка (Матеј 1:5-6), и станала една од најубавите жени на небесата, веднаш до Естира.

4. Марија Магдалена Престојува Блиску До Престолот На Бога

Што тогаш е причината поради која Бог ни допушта да дознаеме за првата забава во Новиот Ерусалим и за поредокот на пророците и на жените? Богот на љубовта, не само што сака сите луѓе да го примат спасението и да го достигнат кралството небесно, туку исто така сака да наликуваат на Неговото срце, за да можат да престојуваат блиску до Неговиот престол, во Новиот Ерусалим.

За да се здобиеме со чест да престојуваме блиску до Божјиот престол во Новиот Ерусалим, нашите срца ќе мораат да наликуваат на Неговото срце, кое што е чисто и прекрасно како кристалот. Ние ќе мораме да го постигнеме убавото срце, кое што наликува на дванаесетте темели на ѕидовите на Градот Нов Ерусалим.

Затоа сега ќе го истражиме животот на Марија Магдалена, која што му служи на Богот Отецот, престојувајќи блиску до Неговиот престол. Додека се молев за „Предавањата на Евангелието на Јован," во голема мерка дознав за животот на Марија Магдалена преку инспирацијата на Светиот Дух. Бог ми прикажа во какво семејство била родена Марија Магдалена, каков живот имала, и во каков среќен живот можела да ужива откако се сретнала со Исуса, нашиот Спасител. Се надевам дека и вие ќе го следите нејзиното убаво и добро срце, па во сё ќе ја преземате вината врз себе, и дека ќе го живеете животот исто како што тоа го сторила и таа, со нејзината живото-давачка љубов кон Господа, за да можете и вие исто така да се здобиете со честа, за да престојувате блиску до престолот Божји.

Таа Била Родена Во Идолопоклонско Семејство

Таа била именувана „Марија Магдалена" бидејќи се родила во едно село кое што се викало „Магдалена", кое што било исполнето со идолопоклонство. Нејзиното семејство не било исклучок; проклетството било паднато врз нејзиното семејство во текот на многу генерации, поради силното идолопоклонство и затоа имале многу проблеми.

Марија Магдалена, која што била родена во најтешката духовна состојба, не можела добро да јаде поради нарушувањето кое што го имала во системот за варење. Исто така, бидејќи била физички слаба во најголемиот дел од времето, нејзиното тело било лесно ранливо и подложно на сите видови на болести. Понатаму, дури и нејзиниот менструален циклус и престанал додека сеуште била млада, па така таа ги загубила важните функции на жената. Поради тоа таа постојано останувала во нејзината куќа и се унизувала себеси, како воопшто да не била присутна. Сепак иако била отфрлана и студено третирана дури и од членовите на нејзиното семејство, таа никогаш не се жалела против нив.. Наместо тоа, таа покажала разбирање за нив и се обидувала да биде нивниот извор на сила, секогаш преземајќи ја вината врз себе. Кога сватила дека не може да обезбеди сила за членовите на нејзиното семејство, туку само им претставувала товар, таа го напуштила семејството. Сето тоа не се случило поради омразата или одбивноста која што би ја чувствувала поради ниниот лоши третман, туку само поради тоа што таа не сакала повеќе да им претставува никаков товар.

Трудејќи Се Најдобро Што Може, Превземајќи Ја Сета Вина Врз Себе

Во меѓувреме, таа се запознала со еден човек и се обидела да се потпре врз него, но тој бил навистина зол човек. Не се обидувал да го поддржува семејството, туку наместо тоа се коцкал. Тој побарал од Марија Магдалена да му носи повеќе пари, често викајќи и тепајќи ја.

Марија Магдалена започнала со плетење додека барала некој постабилен извор на приход. Сепак бидејќи била природно слаба и работела по цел ден, станала дури и послаба, па морала да се потпира на некого дури и за да се движи. Сепак иако мажот бил поддржуван од неа, тој не и бил благодарен за тоа, туку и понатаму не ја почитувал и ја навредувал. Марија Магдалена не го мразела поради тоа, туку само чувствувала тага што не можела повеќе да му помогне, бидејќи била слаба и го сметала сето тоа лошо однесување кон неа, како нешто природно.

Додека била во така очајна состојба, заборавена од родителите, браќата и мажот, ги слушнала многу добрите вести. Ги слушнала вестите за Исуса, кој што вршел извонредни чуда, како што се слепите да прогледаат и немите да проговорат. Кога Марија Магдалена слушнала за овие нешта, таа немала никаков сомнеж за знаците и чудата изведени од Исуса, бидејќи нејзиното срце било толку многу добро. Наместо тоа, таа ја имала верата дека нејзината слабост и болестите би и биле излечени, само доколку еднаш го сретне Исуса.

Таа со вера, копнеела да се сретне со Исуса. Најпосле слушнала дека Исус дошол во нејзиното село и дека престојува во куќата на еден Фарисеј по име Симон.

Истурањето На Мирото Со Вера

Марија Магдалена била толку среќна што со парите што ги заштедила од плетењето, купила миро. Она што мора да и поминало низ умот како емоција, по среќавањето на Исуса, не може соодветно да биде опишано.

Луѓето се обидувале да ја запрат да дојде до Исуса, поради нејзините изветвени алишта, но никој всушност не можел да ја спречи нејзината страст. И покрај острите погледи на луѓето, Марија Магдалена истапила пред Исуса и бескрајно леела солзи, додека ја гледала Неговата нежна фигура.

Таа не се осудувала да застане пред Исуса, па затоа му пристапила позади него. Кога се приближила до Неговите стапала, пролеала уште повеќе солзи и ги натопила Неговите нозе. Ги избришала Неговите нозе со косата и го истурила шишенцето со миро врз нив, бидејќи за неа Тој бил многу скапоцен.

Бидејќи Марија Магдалена пристапила пред Исуса со силната сериозност, нејзе не и биле простени само гревовите за да го прими спасението, туку исто така и се случиле извонредните дела на излекувањето, при што и биле излекувани сите нејзини внатрешни болести, и кожната болест исто така. Сите делови на нејзиното тело почнале повторно нормално да функционираат и таа почнала да добива менструација. Нејзиното лице кое што изгледало ужасно поради многуте болести се исполнило со радост и среќа, а исто и заздравело и нејзиното тело кое што и било многу слабо. Таа повторно ги спознала своите вредности како жена, која веќе не била поврзана со силите на темнината.

Следејќи Го Исуса До Крајот

Марија Магдалена доживеала нешто за што била поблагодарна од излекувањето. Тоа бил фактот дека таа ја сретнала личноста што и ја дала преобилната љубов, која што таа претходно никогаш не ја имала добиено од никој друг. Од тогаш па натаму, таа го посветила сето свое време и страст на Исуса, со толку многу радост и благодарност. Бидејќи нејзиното здравје и било повратено, таа можела финансиски да го поддржува Исуса, преку плетењето или преку работењето на некои други работи и го следела Него, со сето нејзино срце.

Марија Магдалена не само што го следела Исуса кога ги изведувал знаците и чудата, и ги менувал животите на многумина преку моќните пораки, туку исто така била со Него и кога страдал од римските војници и кога го носел крстот. Дури и кога Исус бил распнат на крстот, таа била таму, покрај Него. И покрај фактот што со самото нејзино присуство таму можела да го загуби животот, Марија Магдалена тргнала кон Голгота, следејќи го Исуса кој што го носел крстот.

Што ли чувствувала таа за Исуса, кого искрено го љубела, кога страдал од толку големата болка и кога ја пролеал сета своја вода и крв?

Господе, што да направам,
што да направам?
Господе, како можам да живеам?
Како можам да живеам без тебе, Господе?

...

Камо да можев да ја земам крвта
Ти што ја пролеа,
камо да можев да ја земам болката
од која што Ти страдаше.

...

Господе,
не можам да живеам без Тебе.
не можам да живеам
освен ако не сум со Тебе.

Марија Магдалена не ги свртила очите од Исуса, се додека Тој не го испушти Неговиот последен здив и се обидела да го вреже сјајот од Неговите очи и Неговото лице длабоко во нејзиното срце. Дури и повеќе, го гледала Исуса сé до неговите последни моменти и го следела Јосифа од Ариматеја, кој што го положил телото на Исуса, во гробница.

Сведочејќи За Воскреснатиот Господ Во Зората

Марија Магдалена чекала да помине Сабатот и во зората на првиот ден по Сабатот отишла до гробницата, за да го излее мирото врз телото на Исуса. Сепак таа не можела да го најде Неговото тело. Била многу тажна и доста плачела и тогаш воскреснатиот Господ и се прикажал на неа. Така да, таа ја имала честа да го сретне воскреснатиот Господ пред било кој друг.

Иако Исус умрел на крстот, таа не можела да поверува во ова. Исус бил сето што го имала и силно го љубела Него. Колку ли среќна морала таа да биде кога го сретнала воскреснатиот Господ, во таквата таговна ситуација! Не можела да ги запре солзите поради силните емоции. Од прво не можела да го препознае Господа, но кога Тој со нежен глас ја повикал „Марија", таа тогаш го препознала Него. Во Јован 20:17, воскреснатиот Господ и кажува, *„Не припивај се до Мене, оти уште не сум се вознесол при Мојот Отец; туку отиди при браќата Мои и кажи им: 'Се вознесувам при Својот Отец и вашиот Отец при Својот Бог и при вашиот Бог.'"* Бидејќи Господ исто така многу ја љубел Марија Магдалена, тој и се покажал на неа уште пред да се сретне со својот Отец по воскреснувањето.

Пренесувањето На Вестите За Исусовото Воскресение

Можете ли да замислите колку неконтролирано среќна морала да била Марија Магдалена, кога го сретнала воскреснатиот Господ, кого силно го љубела? Таа се исповедала дека сакала засекогаш да биде покрај Господа. Господ го познавал нејзиното срце, но и објаснил дека таа не може да остане со Него во тоа време и и доделил мисија која што требала да ја изврши. Таа требало да им ги пренесе вестите за Неговото воскресение на учениците Негови, бидејќи нивните умови требало да се смират и да се утешат, по шокот од Исусовото распнување.

Во Јован 20:18 можеме да видиме дека „*Марија Магдалена дошла и им кажала на учениците дека го видела Господа и дека и ги кажал тие нешта на неа.*" Фактот дека Марија Магдалена го посведочила воскреснатиот Господ уште пред сите други и им ги пренела вестите на учениците, не претставува само коинциденција. Сето тоа е резултат на целата нејзина посветеност и служењето на Господа, со нејзината страстна љубов за Него.

Доколку Пилат запрашал дали некој друг би сакал да биде распнат наместо Исуса, таа би била првата што би кажала „Јас" и би истапила; Марија Магдалена го сакала Исуса дури повеќе и од својот сопствен живот и му служела Нему, со потполна посветеност.

Честа Да Му Се Служи На Богот Отецот

Марија Магдалена многу му угодила на Бога, бидејќи ја имала добрината во срцето без зло, и ја поседувала целосната духовна љубов. Марија Магдалена, откако еднаш го сретнала Исуса, го љубела со непроменливата и искрена љубов. Богот Отецот, кој што го примил нејзиното добро и убаво срце, сакал да ја стави блиску до Него и да ја мириса добрата и милата арома на нејзиното срце. Поради тоа кога дошло одреденото време, Тој и дозволил на Марија Магдалена да ја достигне славата да му служи Нему, дури и допирајќи го Неговиот престол.

Она што Богот Отецот најмногу го сакал е да се стекне со вистинските чеда, со кои што Тој ќе може засекогаш да ја споделува Неговата искрена љубов. Затоа Тој ја испланирал човечката култивација, се формирал Себеси во Тројството и ги чекал во текот на навистина многу долго време човечките суштества од оваа земја.

Сега кога живеалиштата на небесата се веќе сите подготвени, Господ ќе се појави во воздухот и ќе ја одржи свадбената веселба со Неговите невести. Тогаш Тој ќе им допушти да владеат заедно со Него во текот на илјада години и потоа ќе ги поведе кон небесните живеалишта. Ние засекогаш ќе живееме со Богот Тројството, во потполна среќа и радост, на небесата кои што се чисти, јасни и прекрасни како кристалот, исполнети со славата Божја. Колку ли среќни ќе бидат оние луѓе кои што ќе влезат во Новиот Ерусалим, бидејќи ќе можат да се сретнат со Бога лице в лице, и засекогаш да престојуваат со Него!

Пред две илјади години, Исус запрашал, "*Но Синот Човечки, кога ќе дојде, ќе најде ли вера на земјата?*" (Лука 18:8) Денеска е многу тешко да се најде вистинска вера.

Апостолот Павле, кој што ја водел мисијата на проповедањето на евангелието на Незнабошците, напишал едно писмо непосредно пред неговата смрт, до Тимотеја, неговиот духовен син, кој што и самиот страдал од еретичките поделби и прогоните на Христијаните.

И така, те заколнувам пред Бога и нашиот Господ Исус Христос, Кој што ќе им суди на живите и мртвите, кога ќе дојде Тој и Неговото кралство; проповедај го словото, биди спремен во време и во невреме, докажувај, прекорувај, поттикнувај со голема долготрпеливост и поука. Бидејќи ќе дојде времето кога луѓето нема да го слушаат здравото учење, туку сакајќи да бидат почешани по ушите, ќе си изберат учители да им го кажат она што го пожелуваат; и ќе го одвратат слухот свој од вистината и ќе се обрнат кон митовите. Но ти во сé биди трезвен, претрпи ги потешкотиите, направи дело достојно на евангелист, службата своја исполнувај ја добро! Зашто Јас веќе сум истурен како жртва за пиење, а времето на моето доаѓање скоро ќе настапи. Добро се борев, патот го завршив, верата ја запазив; понатаму ме очекува круната на правдата, што ќе ми ја даде на тој ден Господ, праведниот судија; но не само на мене, туку и на сите кои што се радуваат на Неговото доаѓање (2 Тимотеј 4:1-8).

Доколку се надевате на небесата и копнеете за Господовото доаѓање, треба да живеете според Словото

Божјо и да ја водите добрата битка. Апостолот Павле секогаш се радувал иако силно страдал додека ги ширел добрите вести.

Затоа ние мораме исто така да ги осветиме нашите срца и да ги исполниме должностите дури и повеќе отколку што се очекува од нас, за да му угодиме на Бога, за да можеме да ја споделуваме вистинската љубов, засекогаш престојувајќи во близина на престолот Божји.

„Мој Господе,
Кој што доаѓаш
во облаците на славата,
копнеам за денот
кога Ти ќе ме прегрнеш!
Покрај Твојот славен престол,
засекогаш ќе ја споделуваме љубовта
што не можевме да ја споделиме на земјата,
и ќе се сеќаваме на минатото заедно.
О! Јас ќе отидам во кралството небесно
танцувајќи
кога Господ ќе ме повика!
О, кралство небесно!"

Автор:
д-р Џерок Ли

Д-р Џерок Ли е роден во Муан, Покраина Јеоннам, Република Кореа, во 1943 година. Кога имал дваесет години, Д-р Ли почнал да страда од разни неизлечиви болести и седум години ја исчекувал смртта без надежа за оздравување. Еден ден во пролетта 1974 година сестра му го однела во црквата и кога клекнал долу да се помоли, Живиот Бог веднаш го излекувал од сите негови болести.

Од моментот кога Д-р Ли го запознал Живиот Бог преку тоа прекрасно искуство, тој го засакал Бога со сето негово срце и искреност, и во 1978 година бил повикан да стане слугата Божји. Тој предано се молел за да може јасно да ја разбере волјата Божја, во потполност да ја исполни и да ги почитува сите Слова Божји. Во 1982 година, ја основа Манмин Централната Црква во Сеул, Кореа и безбројните дела Божји, вклучувајќи ги чудотворните излекувања и чудесата почнаа да се случуваат во неговата црква.

Во 1986, Д-р Ли беше ракоположен за свештеник на Годишното Собрание на Исусовата Сунгкјул Црква во Кореа и четири години подоцна во 1990 година, неговите проповеди започнаа да се емитуваат во Австралија, Русија, Филипините и во многу други земји, преку Радиодифузното друштво на Далечниот Исток, Азиската Станица за Радиоемитување и Христијанскиот Радио Систем во Вашингтон.

Три години подоцна во 1993 година, Манмин Централната Црква беше избрана како една од „50 Најдобри Цркви во Светот" од страна на магазинот *Христијански Свет* (САД), а тој се здоби со Почесен Докторат за Богословија од Колеџот Христијанска Вера во Флорида, САД и во 1996 го добива Докторатот по Свештеничката Служба од Кингсвеј Теолошката Семинарија, Ајова, САД.

Од 1993 година, Д-р Ли го презеде водството на светската мисија на многу крстоносни походи во странство, вклучувајќи ги тука Танзанија, Аргентина, Л.А., Градот Балтимор, Хаваи, Градот Њујорк во САД, Уганда, Јапонија, Пакистан, Кенија, Филипините,

Хондурас, Индија, Русија, Германија, Перу, Демократска Република Конго и Израел. Неговиот крстоносен поход во Уганда беше емитуван на Си-Ен-Ен а на Израелскиот крстоносен поход одржан во Меѓународниот Конвенциски Центар во Ерусалим, тој го прогласи Исуса Христа за Месија. Во 2002 година беше наречен „свештеникот на светот" од главните Христијански весници во Кореа за неговата работа во различните Големи Обединети Крстоносни походи во странство.

Така во март 2017 година, Манмин Централната Црква има конгрегација од повеќе од 120,000 члена. Има 11,000 локални и подрачни цркви во странство на целата земјина топка вклучувајќи 56 домашни црквени филијали во поголемите градови на Кореа, а досега се воспоставени повеќе од 102 Мисии во 23 земји, вклучувајќи ги Соединетите Држави, Русија, Германија, Канада, Јапонија, Кина, Франција, Индија, Кенија, и многу други.

До денот на ова издание, Д-р Ли има напишано 107 книги, вклучувајќи ги и бестселерите *Вкусување на Вечниот Живот пред Смртта*, *Мојот Живот, Мојата Вера I & II*, *Пораката на Крстот*, *Мерката на Верата*, *Небеса I & II*, *Пекол*, и *Силата на Бога*. Неговите дела се преведени на повеќе од 76 јазици.

Неговите Христијански колумни се појавија во весниците *Ханкук Илбо*, *ЈоонгАнг Дејли*, *Донг-А Илбо*, *Сеул Шинмун*, *КјунгХуанг Шинмун*, *Кореја Економик Дејли*, *Кореја Хералд*, *Шиса Њуз* и *Христијан Прес*.

Д-р Ли во моментов е водач на многу мисионерски организации и здруженија: вклучувајќи го и тоа дека е Претседавач, Обединетите Свети Цркви на Исус Христос; Постојан Претседател, Здружение на Мисијата за Христијански препород во светот; Основач & Претседател на Одборот, Глобална Христијанска Мрежа (ГХМ); Основач & Претседател на Одборот, Светска Христијанска Мрежа на Доктори (СХМД); и Основач & Претседател на Одборот, Манмин Интернационалната Семинарија (МИС).

Други моќни книги од истиот автор

Небеса I

Детален нацрт на прекрасната животна средина во која живеат жителите на рајот и прекрасни описи на различните нивоа на небесните царства.

Пораката на Крстот

Моќна освестувачка порака за будење на сите луѓе кои што се духовно заспани! Во оваа книга ќе прочитате за причината зошто Исус е единствениот Спасител и за вистинската љубов на Бога.

Пекол

Искрена порака до целото човештво од Бога, Кој што посакува ниту една душа да не падне во длабочините на Пеколот! Ќе откриете никогаш порано –откриено прикажување на суровата реалност на Долниот Ад и Пеколот.

Дух, Душа и Тяло I & II

Преку духовното разбирање за духот, душата и телото, кои што се компонентите на луѓето, читателите ќе можат да погледнат во своето 'себе' и да се здобијат со увид за самиот живот.

Мерката на Верата

Какво живеалиште, круна и награди се подготвени за вас во Рајот? Оваа книга обилува со мудрост и водство за вас да ја измерите вашата вера и да ја култивирате најдобрата и зрела вера.

Разбудениот Израел

Зошто Бог внимана на Израел од почетокот на светот до денешен ден? Каков вид на Негово Провидение е подготвено за Израел во последните денови, кои што го исчекуваат Месијата?

Мојот Живот, Мојата Вера I & II

Најмирисна духовна арома извлечена од животот кој што цветал со една неспоредлива љубов за Бога, во средина на темните бранови, студеното ропство и најдлабокио очај.

Моќта на Бога

Четиво што мора да се прочита и што служи како основен прирачник со кој што некој може да ја стекне вистинска вера и да ја искуси прекрасната сила на Бога.

---

www.urimbooks.com

www.ingramcontent.com/pod-product-compliance
Lightning Source LLC
LaVergne TN
LVHW041755060526
838201LV00046B/1012